個人、チーム、組織を伸ばす

目標管理の教科書

ノルマ主義に陥らないMBOの正しいやり方

五十嵐英憲
igarashi hidenori

ダイヤモンド社

本当の目標管理を愚直に実践しよう！

✓ 本当の目標管理とは

——目標管理とは上司が部下の目標を管理することだ。

そう思っている人が大勢いる。

しかし、それは「本当の目標管理」ではない。まったくのウソとは言わないが、かなり歪んだ理解である。

本書が主張する本当の目標管理とは、「ＭＢＯ-Ｓ」の実践に他ならない。

ＭＢＯ-Ｓは、ピーター・Ｆ・ドラッカーによって提唱された「マネジメント　バイ　オブジェクティブズ　アンド　セルフ・コントロール（Management By Objectives And Self-Control）」（『現代の経営』／１９５４年）の略称であり、ドラッカーは望ましいマネジメントのあり方を以下のように訴える。

「業績」を上げ、「働きがい」を高めるためには「目標」が必要だ。それも、ギリギリ背伸びした「チャレンジ目標」の設定である。

目標の設定や達成活動に際しては、「人間の持つ自主性や自律性」を最大限に引き出すこと。そうすれば、「チャレンジ目標の自己統制」が可能になる。

自己統制とは「目標に照らして、自らの仕事ぶりを自分でチェックして、修正すること」だ。それがうまくできると、働く人々の自主性はさらに強化され、結果として、業績が向上し、「働きがい」も手に入る。

ぜひ、そのようなマネジメントを実践してほしい。

✓ 日本語でも「MBO-S」

ドラッカーの訴えは、一般的に「MBO」と略称され、日本語では「目標管理」、あるいは「目標による管理」と翻訳されることが多い。しかし、いずれも、きわめて重要な「セルフ・コントロール」というコンセプトが欠落しており、的を射ているとは言い難い。

ドラッカーの真意を尊重すれば、略称は「MBO-S」であろう。

日本語訳も同様で、原語に即して「チャレンジ目標の達成を意欲的、かつ自律的に追い求めるような仕事の進め方」と翻訳するのが筋である。

ただし、この翻訳では、あまりにも長たらしく、日常会話にも不都合だ。もっと短い訳語がほしい。いろいろ考えてみたが、なかなかピッタリの言葉が見つからない。ならば無理に翻訳せずに、日本語でも「MBO-S」と表現するのが妥当だろう。そうすれば、セルフ・コントロールの重要性も強調できる。

そんな願いも込めて、本書では、一般名称のMBOや目標管理をあえて「MBO-S」と呼称する。

✓ 人間らしい働き方を求めて

なぜ、ドラッカーはMBO-Sを提唱したのだろうか。

理由は2つある。

1つは、「人間らしい働き方」の追求だ。人間が仕事の奴隷になるような関係は、犬がしっぽを振るのでなく、しっぽが犬を振り回しているようなものであり、人間にとって不幸である。また、「他者から支配される関係」も人間らしさの喪失に拍車をかける。上司が部下の仕事内容を事細かく指図して、ついでに心理学の乱用としか思えないマインド・コントロールにも手を伸ばす。こんな上司を持った部下は不幸であり、不幸を通り越して人間としての尊厳すら失いかねない危機に立たされる。

人間は隷属や支配を決して好まない。みんな自立の思いを持っており、潜在的には自律性も有している。そして、何よりも、それらの実現を欲している。そう考えるのが、人間らしい働き方の追求だ。

MBO-Sは、そのような人間らしさの実現を支援する。自分で決めた目標に照らして、自分で主体的に仕事を組み立てる。苦しくとも、達成したいと願う目標のために歯を食いしばり、そのプロセスで仕事の面白さや自己成長を実感する。そんな仕事ぶりを実現しようとするのがMBO-Sである。

✓ なぜMBO-Sが今の時代に合うのか

ドラッカーのMBO-Sの提唱理由の2つ目は、知識労働（ホワイトカラー）の生産性を高めるためである。

知識労働は自分の専門知識と他者の知識とを融合させて、新しい何かを創り出す「知恵の創出業務」である。そのプロセスで、「あっ、そうか！」という気づきや新たな発見を手に入れる。

そういう仕事が知識労働の特徴であり、かなりの部分を当事者の自主性と自律性に委ねざるを得ない仕事である。

このような特性を持つ知識労働に、従来型の定型労働のマネジメントを適用するのは難しい。定型労働は標準化が可能で、かつ肉体行動によって生産性が直接的に左右される仕事であり、命令とアメとムチ、教え込み型の教育訓練というマネジメント手法がぴしゃりと当てはまる。つまり、定型労働は他律統制が可能なのである。

それに対して、知識労働は他律統制が難しく、自律統制を必須とする仕事である。命令とアメとムチで知恵を出させるのは不可能だ。知恵の出し方を教え込もうにも限度がある。知的労働は自律性の開発こそが重要であり、それを実現するためにMBO-Sが存在する。「And Self-Control」からは、そのようなメッセージが読み取れる。MBO-Sは、知識労働にもっともフィットするマネジメント手法なのである。

✓ 知識労働時代のマネジメント

現在の日本は、完全に、労働の質的変化の時代に突入した。

象徴的なのは製造業である。高品質でリーズナブルな価格の規格品を、国内で大量に生産し、その大部分を輸出する。そんな構図が完璧に崩れてしまい、中小企業でさえも、工場を新興国に移転せざるを得ない状況が起きている。現地調達、現地製造の流れが定着したからだ。

それに伴って、働く人々は、好むと好まざるとにかかわらず、労働の質的転換を迫られる。定型労働から知識労働への切り替えである。

新興国に移転した製造業の定型労働は、国内にはもう二度と戻ってこないだろう。サービス業においても、コンビニのレジ打ちなどの定型労働は外国人労働者に奪われて久しい。いったい、日本人に、どんな仕事が残されているのだろうか。

答えは簡単である。現在の賃金水準を維持したければ、製造業にしろ、サービス業にしろ、働く人一人ひとりが知識労働者に変身するしかない。そして、変身が生み出す付加価値を国内外に提供するのだ。

たとえば、コンビニ各社が、国内で培った利便性の追求を中国本土でも展開する。ココ壱番屋のカレーライスも、アジア各国で出店スピードを加速させている。いずれも、専門知識を身につけた知識労働者のなせるわざである。

変身の努力を怠れば、低賃金に甘んじた生活を余儀なくされ、おそらくは精神まで貧困なものになってしまうだろう。そんな危機感を持って、ほとんどの日本企業は変化を模索し、従業員にも働き方のチェンジを迫っている。

このような現状を踏まえて、筆者は訴えずにはいられない。

――今の日本企業には、MBO-Sが絶対必要だ。

――今こそ、「本当の目標管理＝MBO-S」を愚直に実践するときだ。

――実践の成否を握る現場のミドルは奮起せよ！

✓ 本書の構成

本書は職場のリーダーに向けた、MBO-Sの支援材料の1つであるが、できれば職場のメンバーにも読んでほしいと願っている。リーダーとメンバーとが、MBO-Sのコンセプトと具体的な展開イメージを共有すれば、よりスムーズな実務展開が可能になる。

同時に、上級マネジャークラスの方々にも一読をお勧めしたい。メンバーがセルフ・コントロール状態（意欲的、かつ自律的な仕事ぶり）になるように、一所懸命努力している現場のリーダーを支援してほしいからである。

また、本書の内容は、すでに目標管理制度を導入済みの会社や導入の模索段階にある会社はもとより、「なんとかして、社員のヤル気を高めたい」と願うすべての会社の方々にも、何らかのヒントを提供できるのではないかと思っている。

本書は5つの章で構成されている。

第1章では、運用を誤るとMBO-Sの阻害要因になってしまうであろう、「人事評価とMBO-Sとの関係」について解説する。

第2章から第4章までは、MBO-Sの実務の基軸となる「チャレンジ目標のPlan（思いの込められた目標の設定）→Do（意欲的、かつ自律的な目標達成活動）→See（来期につなぐ仕事のふりかえり）」の流れに沿って、押さえどころとリーダーの役割を解説する。

そして、その総まとめをしたのが第5章である。

それでは、さっそく、第1章から読み始めていただきたい。

目次

第2章

第5章 まとめ　目標管理は理想論じゃない！……185

第1章

目標管理は なぜ嫌われるのか？

✓ 人事評価は「アメとムチ」

本当の目標管理、すなわち「MBO-S（Management By Objectives And Self-Control）」の実践方法の解説を始める前にどうしても解いておきたい誤解がある。

それは、「MBO-Sとは人事評価の仕組みだ」という誤った理解である。

人事評価とは人事考課やボーナス査定と呼ばれるものであり、従業員の会社への貢献度の序列づけ、もしくは貢献度の絶対評価（会社が要求する基準を満たしているかどうかの判定）を意味している。極端な言い方をすると、人事評価は、会社が従業員に与える〝アメとムチ〟である。貢献度にもとづいて、賃金格差をつける。賃金以外の処遇も決める。だから、きちんと働いてくれ。働きぶりが良好ならば、褒美を取らす。ダメならば、ペナルティが待ってるぞ。そういう仕組みが人事評価である。

当然、働く人々は人事評価に敏感に反応する。おそらく、積極的にアメを獲りに行く人はごく少数で、大多数はムチを避けようとするのではないか。もちろん、誰だってアメはほしい。だが、そのためには、気の遠くなるような努力が待っていて、そんなしんどいことは、できれば避けて通りたい。かといって、強烈なムチで叩かれたのではたまらない。何とか、普通評価は取りたいものだ。これが、人々の平均的な人事評価に対する接し方であろう。

このように考えると、人事評価は能動的なモチベーション策というよりは、むしろ「回避型モチベーション」（『モチベーション』／松井賚夫／ダイヤモンド社／１９８２年）の促進に貢献しているように思われる。回避型モチベーションとは、金銭的、あるいは精神的報酬の減額というペナルティを用いて、恐怖心に働きかけようとする方法だ。人々は恐怖から逃れるために、恐怖を感じない程度に頑張る。しかし、そこには働く喜びはない。人事評価は、働く人々にとって、好感を持ってではなく、どちらかというと忌み嫌う仕組みとして受け止められているのが実態である。

MBO-Sが受けるとばっちり

こうした嫌われものの人事評価とMBO-Sとの混同が至る所で起きている。

目標管理と聞いて、何を連想するか。答えは決まって「評価の仕組み」と返ってくる。困ったものだ。

本当の目標管理はMBO-Sの実践である。それは人事評価とはまったくの別物で、働く人々の動機づけに主眼を置いたマネジメントの考え方と方法論だ。賃金格差をつけるための仕組みなどでは断じてない。それなのに、「両者は同じもの」という風潮が蔓延する。そしてMBO-Sまでもが嫌われ者になってしまうのである。

なぜ、そのような誤解が生まれるのだろうか。

MBO-Sと人事評価を強引に結びつけたからであり、大本には働く人々の要求と経営トップ層の危機感が存在する。

人事評価はオレの人生を左右する。だから、無関心ではいられない。
できれば「高い評価」がほしい。最低でも「普通評価」でなければ、オレの努力は報われない。
努力が報われるように、「公正な人事評価システム」を作ってくれ。

そう働く人々は要求する。
経営トップも負けてはいない。

事業のグローバル展開に伴って、日本人以外の従業員も増えており、彼らは「序列づけや絶対評価の根拠」を執拗に求めてくる。要求に応え

なければ、有能な人材が去っていく。採用もままならない。人材不足は、経営の根幹を揺るがす大問題だ。

そんな危機感があるために、「人事部よ、何とかうまい仕組みを作ってくれ」と経営トップは発破をかける。

途方もない難問だが、それを解決するのが人事部のミッションだ。何としてでも、納得性の高い人事評価システムを創り出さねば……。

そう発奮した人事部は、必死の努力を繰り返し、ついに「ＭＢＯ-Ｓを人事評価の代用システムとして利用する」という妙案にたどり着く。

「期初目標の難易度×期末の達成度＝仕事の成果」という公式で、貢献ポイントをはじき出す。期初目標は上司と部下とが納得設定したものであり、期末の達成度は動かし難い事実である。だから、両者の掛け算で得られた得点は納得性と客観性を担保する。貢献ポイントを使えば、誰も文句のつけようのない客観的、かつ納得度の高い〝序列づけ〟や〝絶対評価〟が可能になる。いわゆる「成果主義デジタル評価システム」である。

これを上手に運用すれば、人事評価も、業績向上も、働く人々の働きがいの醸成も、すべてがうまくいくはずだ。

そんな発想から、MBO-Sが人事評価の道具になってしまったのである。

こうした人事評価は、一見すると、もっともらしい。

しかし、論理に飛躍がある。たとえば、目標の難易度決めはどうするのか。外資系コンサルタント会社の「職務給決定理論（〝社内ポストの値段決め〟のための複雑なロジック）」が、多少の手助けになるかもしれない。それとて、特定の個別目標の難易度をズバリと決めてくれるものではない。

決定はあくまでも上司の主観であり、主観である以上、バラツキは避けられず、甘辛が必ず出現する。ならば、年度始めに、全員の目標を横に並べて、個別目標の甘辛是正会議をすればよいという意見もあるが、そんなことは現実的に不可能だ。結局は上司と部下とがよく話し合って……という方法に帰結する。果たして、そのような決め方で、納得性や客観性を担保できるのだろうか。疑問が残るのは筆者だけか。

さらに問題なのは、多分に二律背反的な色彩を帯びた、異なる2つの目的を1つの仕組みで処理しようとする強引さだ。すでに述べたように、MBO-Sは、目標を上手に使った動機づけ（仕事の面白さの実感など）の方法論であり、モチベーション・ダウンの要素も含んだ勝ち負けを決めるような人事評価とは、目的が本質的に異なるものである。

✓ 頭の中は評価のことばかり

こうした評価システムは、必然的に、評価のための目標設定を働く人々に要求する。たとえば、ある会社の人事評価の手引書には以下のように書いてある。

- 目標は必ず数値化すること。
- 期初に設定した目標の難易度と期末の達成度との積算で貢献ポイントを算出する。
- 貢献ポイントの多寡によって、貢献度の順位づけを決定する。
- 目標の難易度の決定に際しては、目標の量的・質的難易度、難易度の資格間適合度、部門間でのレベル比較などを十分に検討し、部下との合意を得ること。

このような人事部方針にもとづいて、現場では上司と部下との目標設定面接が実施され、当事者が心から達成したいと願う目標の検討などは脇に置き、人事評価を正当化するための個人目標が検討される。たとえば、数値化しやすい項目を探し出し、それを目標に設定するなどである。個々の目標には難易度も張り付ける。期末には達成度を機械的に測定し、そのポイントによって貢献度が決まる。

そんな無機質なやり方では、部下のヤル気に火はつかない。そうわかっていても、年中行事のように延々と繰り返す。そして、「それがMBO-Sだ」と上司も部下も思い込む。

これはもう、評価システムとしての目標管理以外の何物でもない。そこには、次章以降で解説するMBO-Sの精神が欠けている。表看板には「MBO-Sの実践」をうたっていても、実際には「MBO-Sという名の人事評価」をやっているのである。

✓ みんながやさしい目標を作って会社を潰す

弊害は、MBO-Sの形骸化だけにとどまらない。MBO-Sを安易に転用した評価システムは、下手をすれば、会社を潰すことになりかねない。筆者はそんな危惧さえ抱いている。

なぜ、会社が潰れるのか。みんながやさしい目標を作るからだ。

働く人々は、人事評価の怖さを嫌というほど知っている。低い評価を受ければ、不利な処遇が待っていて、賃金ダウンは当たり前。最悪は降格人事も覚悟しなければならない。そこで、できるだけ達成しやすい目標で、達成度を稼ごうとする。やさしさを見破られないように、やさしい目標を難しく見せる技術も覚える。営業は隠し玉を用意する。間接部門は目標難易度の誇張合戦を展開する。

そんな輩は邪道者！　と言いたくもなるが、それが普通の人間の性であり、そう簡単には止められない。

その結果、どうなるか。

全員が目標を達成したが、売上は低迷し、赤字幅が拡大する。何ともおかしな状況の出現だが、実際にあった話である。

また、難しく見せる技術に長けた人が人事評価で得をして、本当の困難にチャレンジした人が割を食う。人事評価の信頼性も地に落ちる。もしも、そんな状態が続くなら、働く人の心は荒廃し、確実に会社は衰退に向かうだろう。

✔ 制度の不備は現場の運用努力で補う

こうした事態を防ぐために、どうするか。

もうすでに、ＭＢＯ-Ｓを曲解した人事評価制度が導入されている企業では、何らかの応急措置が必要だ。

筆者が行うミドル向けの研修では、しばしば、悩ましい質問が飛んでくる。

「わが社の賞与査定は、〝期初目標の難易度×達成度＝貢献ポイント〟という決め方であり、部下が達成しやすい目標しか作らない。どうすればいいんでしょうか」

そうした質問に、「根本的な解決策は、会社の人事評価制度を変えることだと思います」と答えると、質問者の顔つきがみるみる仏頂面に変化する。質問をはぐらかされたような気持ちになるのだろう。

少し間を置き、「制度を変えるのは無理でも、当面策なら可能では？」と逆質問を試みる。それに対して、「この講師はいったい何が言いたいんだ、早く答えを教えてくれ」といった視線も感じるが、現場の責任者として何ができるのか、もう少ししっかりと自分自身に問うてほしいから聞くのである。どんな策でも、当事者意識を持って徹底的に考え抜いたものでなければ、すぐに実行パワーが陰りを見せる。そういう思いも込めて、「どんな当面策が打てるのか、グループごとに話し合ってみませんか」と提案するのである。

グループメンバーによりけりだが、みんなで話し合うと知恵が出るし、成功事例も共有できる。

「人事評価のための目標とは別枠で、本当に達成したいと願う職場目標と個人目標を設定すればよい。一人ひとりの言い分をメンバー同士が理解して、各人の力量に見合った目標を合意する。合意のためには、一対一の個人面接よりも〝目標設定ミーティング〟が有効だ」

「目標達成プロセスでは、お互いが知恵を貸したり貸されたり、チームワークで職場目標も個人目標も追いかける。そうすれば、職場の一体感が高まって、雰囲気も明るくなる。うちでは、すでにやっているよ」

これらはみな、研修のグループ討議で出された受講者の体験談やアイデアだ。

会社の制度上の不備や不手際は、現場の運用努力で補うこと。若干、二重帳簿のような後ろめたさも感じるが、そうしなければ業績は向上しないし働きがいも得られない。現場を取り仕切るのは職場のリーダーの役割だ。このようなリーダーの使命感と前向きな努力を、筆者は支持したい。

こうした二重帳簿的行動はリーダーの「やり過ごし」の一種であり、組織運営上の知恵である。学者たちの研究でも、その効用は説かれている。リーダークラスの約６割程度の人たちがやり過ごしの体験を持っているそうだ（『できる社員は「やり過ごす」』／高橋伸夫／日経ビジネス人文庫版／日本経済新聞社／２００２年）。だから、後ろめたさなど持つ必要は微塵もない。業績を上げ、同時に働きがいを高めるために、また本当にチャレンジした人が報われるためにも、体を張って運用努力をしてほしい。

✓ それでも成果主義は必要だ

ここまで、MBO-Sの人事評価への転用の問題点と対処方法について述べてきた。しかし、それは成果主義そのものの否定では断じてない。

MBO-Sを安易に人事評価にすり替えて、「○○という目標を達成すれば1000万円の給料を保証する」というような、学者たちの研究でも否定的な見解が示されている方法で、働く人々のヤル気を高めようとする勘違いを否定しているのである（たとえば、『日本の不平等―格差社会の幻想と未来』／大竹文雄／日本経済新聞社／2005年）。

あるいは、MBO-Sの目標達成度をそのまま機械的に貢献度の序列づけにつなげようとする強引さ。さらには、結果的にもたらされるMBO-Sに対する誤解と嫌悪感。それらが問題なのだ。

ドラッカーも指摘しているように、組織の焦点は成果に合わさなければならない（『マネジメント［中］課題、責任、実践』／ダイヤモンド社／2008年）。

だから、経営成果を真剣に追い求めようとする成果主義は積極的に肯定する。人事評価制度も、仕事の成果の盛り込みが必須要件と考える。当然、MBO-Sの目標も、成果を意識した目標になっていなければ意味がない。

ただし、条件がある。

✓ 成果とは何か？

条件とは、成果の定義をきちんとすることだ。

固定観念や世間の常識をいったんリセットし、白紙の状態で「自分の仕事の成果とは何か？」について、職場の一人ひとりがとことん考える。考えた内容を持ち寄って、みんなで議論する。最終的には、リーダーとだけでなく、一緒に働くチームメンバー全員のコンセンサスを取り付ける。関連部署とも合意する。そういう作業が必要だ。

たとえば、「営業の成果は売上目標の達成だ」という考え方が世間の常識になっている。果たして本当にそうなのか。営業部隊は売上に全責任を持てるのか。営業が創り出すべき付加価値は何なのか。等々を営業関係者のみならず、組織ぐるみで真剣に考えてみることだ。

そうすれば、「〝顧客が気づいていない顧客満足〟を創り出し、〝顧客に提供すること〟が、営業マンの仕事の成果である」という定義が成立するかもしれない。場合によっては、成果の一歩手前にある「顧客満足の創造に向けた試行錯誤」も成果の一部に組み込むことが議論され、合意されるかもしれない。その結果、従来とは一味違う営業活動の展開が可能になる。

このように、成果の定義の明確化は、目標や仕事のあり方に、より深いレベルで揺さぶりをかけ、当事者がなすべき仕事の本質の炙り出しを促進する。そういう作業を伴った成果の追求が、筆者の考える成果主義である。

✓ 教訓の活用

成果の定義が曖昧なまま、成果主義を振り回せば、ノルマ管理か、はたまた言葉遊びの世界が待っている。そんないい加減な成果主義とMBO-Sとの強引な結合は、MBO-Sを人事評価制度のツールに貶めるだけであり、業績向上や働きがいの醸成は望めない。人事評価に対する信頼感や納得感も薄れてしまうだろう。

これは筆者の妄想でも思い込みでもない。過去の成功事例や失敗経験が教えてくれる教訓である。

富士通（株）などの成果主義を標榜した、先駆的な企業の果敢なチャレンジは、いくつかの教訓を生み出した。教訓は、人事評価やMBO-Sのあるべき姿のより深い検討を可能にしてくれる。先駆的企業の情報提供に感謝すると同時に、教訓の積極的活用を多くの企業に勧めたい。

第１章のまとめ

❶MBO-S（本当の目標管理）と人事評価とは、本来、まったくの別物だ。

- MBO-Sとは、「目標」を上手に使って、働く人々のヤル気を引き出すマネジメント法。
- 人事評価は「従業員の会社への貢献度」の測定作業である。

❷ところが現実は、MBO-Sが人事評価の代用システムとして使われて、さまざまな弊害が起きている。

- 働く人々の頭の中は評価のことでいっぱいで、評価のための目標を設定する。
- そればかりか、「やさしい目標で達成度を稼ぐ」などの悪しき風潮も出現する。

❸対策は根本策と当面策の２つがある。

- 根本策は人事制度の再構築（経営トップ層と人事部門の主管）。
- 当面策は現場の運用努力。

❹リーダーは、当面策として、自分たちにできるMBO-Sを考えて実践すること。

- たとえば、人事評価のための目標とは別に、職場のみんなで話し合い、本当に達成したいと願う職場目標と個人目標を設定する。

❺筆者は、成果主義そのものを否定しているわけではない。むしろ成果主義は必要だと考える。

・ただし、「成果とは何か」について話し合い、合意するのが条件である

第2章

職場が燃える
チャレンジ目標を作ろう!

✓ MBO-Sの実務は「Plan→Do→See」

MBO-Sとは何か？

そうメンバーに聞かれたら、職場のリーダーはどう答えたらいいのだろうか。

一人ひとりが、ギリギリ背伸びしたチャレンジ目標の「Plan（計画）→Do（実行）→See（ふりかえり）」を、意欲的、かつ自律的に推進し、そのプロセスで、仕事の面白さなどの働きがいを実感すること。

これがMBO-Sの実務である。

この章ではチャレンジ目標の「Plan（計画）」について解説するが、それは納得のいく目標をうまく作り出すための旅である。

【MBO-Sのプロセス】

●Plan＝計画

Planとは自分の思いが込められた「チャレンジ目標」と、目標達成の裏付けとなる「達成手段」を決めること。

●Do＝計画の実行

DoとはPlanで立てた目標達成手段をやり切ること。

●See＝仕事のふりかえり

Seeとは仕事のふりかえり作業であり、２種類の内容を含んでいる。

１つはPlanとDoの活動プロセスを振り返り、次期の目標達成手段を探ること。２つめは、目標の達成度や難易度、目標達成プロセスでの努力度を評価して、能力開発プランにつなげることである。

✓ チャレンジ目標は個人が勝手には決められない

働く人、一人ひとりが納得のいくチャレンジ目標を設定するための旅路の出発点は、目標設定の仕組みの理解である。

MBO-Sは「目標の連鎖システム」として運用する。

これが目標設定の大前提であり、個人目標であっても、個人が好き勝手に決めるわけにはいかない世界だ、ということを意味している。

個人のチャレンジ目標は「所属する職場の今期目標」に沿ったものでなければならないし、職場の今期目標は「その上位部門の今期目標」と連鎖したものになっていなければならない。さらに上位部門の今期目標は「部門の中期（3

✓ 目標は連鎖している！

❶全社中期（３～５年）経営計画

↓

❷部門の中期（３～５年）経営計画

↓

❸部門の今期目標

↓

❹職場の今期目標

↓

❺個人のチャレンジ目標

～5年）経営計画」との連動が必須であり、部門の中期経営計画にはそのまた上の「全社中期経営計画」との連動が要求される。

このように、目標設定に際しては制約条件としての上位計画（目標や方針）が存在し、それを無視した目標づくりが不可能な状態になっている。

働く人々はその制約条件を考慮に入れて、ギリギリ背伸びした、具体性の伴ったチャレンジ目標を設定する。それがMBO-Sの目標設定の実務である。

✓ やらされ感を払拭するための5つのステップ

目標の連鎖システムは、経営陣の思いを末端の従業員一人ひとりにまでつなぐ仕組みであり、会社や職場の一体感や経営の効率化にとっては不可欠な存在である。しかし、うまく運用しないと、多分に「やらされ感」が伴う仕組みでもある。

やらされ感の強い目標では「本気になって達成しよう」という意欲は湧かず、目標達成が危うくなる。達成できなければ、会社も働く人々もハッピーな気分には浸れない。だから、やらされ感を薄めるための何らかの工夫と努力がどうしても必要だ。

では、職場のリーダーは、具体的に何をすればいいのだろうか。

このページ下の図表にある①〜⑤のステップをメンバーとともに踏むことである。

まず会社や部門の中期経営計画（中長期のビジョンと戦略）を理解して、そのうえで職場や個人の中長期的な役割（ミッション）を考える。この作業により、自分の職場や仕事の中長期の位置付けと期待される役割とが鮮明になるだろう。その中長期の役割と今期の部門計画とを重ね合わせて、今期の職場の具体的役割を描き出す。それが職場の貢献領域一覧表であり、その中から主要業務を選んで職場目標に落とし込み、さらには個人目標へとつないでいく。

このような一連のステップをメンバーとキャッチボールしながら進めれば、メンバーのやらされ感はある程度払拭されるものと思われる。

✓ チャレンジ目標づくりの流れ

- ステップ❶››› **会社や部門の中期経営計画（中長期のビジョンと戦略）を理解する**
- ステップ❷››› **職場や個人の中長期的な役割（ミッション）を考える**
- ステップ❸››› **部門の今期計画を理解する**
- ステップ❹››› **上記❷と❸を重ね合わせて、今期の職場の貢献領域一覧表を作成する**
- ステップ❺››› **上記❹にもとづいて、職場の今期目標と個人の今期目標（チャレンジ目標）を決定する**

✓ MBO-Sはオープン・システムで展開する

上記①から⑤のリーダーとメンバーとのキャッチボールは、一対一の面談ではなく、職場全体のミーティング形式で行うのが効果の高いやり方である。

職場のメンバー全員で「部門の中期経営計画にはどういう意図があるのだろうか？」「この職場は何を目標にすべきか？」、「どうやって達成するのか？」などをワイワイガヤガヤと話し合うのである。それは「真面目な雑談」と呼ばれるコミュニケーション（『なぜ会社は変われないのか』／柴田昌治／日本経済新聞社／１９９８年）であり、ホンネで、腑に落ちるまで語り合うのが特徴である。

メンバー全員が納得して、その達成に責任を感じるようになればしめたものだ。みんなが「腑に落ちた！」と感じ、「目標達成に向けて役割をまっとうするぞ！」という前向きな思いで受け入れられるような目標を立てるためには、真面目な雑談スタイルのミーティングが不可欠なのである。

多くの会社のＭＢＯ運用マニュアルには、「目標設定は個人面接で……」と書かれているかもしれない。しかしそれにとらわれることはない。

確かに、個人面接にも利点はある。リーダーがメンバーに関心と愛情を持ち、真摯な態度で面談すれば、メンバーの責任感や意欲は刺激されるだろう。また、一対一でしか話せないこともある。節目のセレモニーとしても個人面接は有効だ。だから、個人面接は否定しない。

しかし、個人面接は「閉ざされた世界」である。リーダーとメンバーとの二人で、メンバーの目標を囲い込む。一種のクローズド・システムであり、それだけでは、メンバーの職場目標に対する当事者意識が希薄になり、目標達成手段のアイデア出しも難航してしまう。職場のチームワークも育たない。

やはり、みんなでワイワイガヤガヤという場がどうしても必要だ。お互いが情報を持ち寄り、知恵を出す。他者の目標にも前向きに干渉し、協力を約束する。適度なライバル意識も醸成する。そういう場をできる限りたくさん用意して、節目の押さえとして、個人面接を実施する。それが、本書が提唱する「MBO-Sのオープン展開」である。

［ステップ❶］
中期経営計画（中長期のビジョンと戦略）をよく理解する

✓ リーダーは部門のビジョンや戦略をうまく伝えよう

ここからは、目標づくりのためのオープン展開のあり方を38ページ下の「チャレンジ目標づくりの流れ」に沿って解説する。

ステップ①におけるリーダーの役割は、「部門の中期経営計画」や「全社の中期経営計画」を説明し、メンバーの質問に答えることである。

そのために、まずリーダーがやるべきは、リーダー自身の中期経営計画の中身や意義の理解である。以下の囲みはその際に必要な目のつけどころであり、これらを参考に、図表を使ったり、あるいは「日頃、部門長はどんなことを強調しているだろうか？」と質問したりするなどの工夫をし、メンバーが「なるほど、そういうことか」と感じるようなミーティングを仕掛けてほしい。

リーダーが知っておきたい中期経営計画のツボ

中期経営計画とは、顧客満足の実行計画である

中期経営計画は「ビジョン」と「戦略」を基本フレームに策定する。ビジョンとは「3～5年後のなりたい姿」を描いたものであり、戦略とはビジョンの裏付けとなる「3～5年間の重点実施事項」や「資源配分のあり方」を示したものである。ビジョンと戦略の具体的な内容は、各社各様で、これが正解だというものは存在しない。しかし、絶対外してはならない押さえどころが1つある。

それは「売上」に関するビジョンと戦略である。売上がなければ、利益は出ず、給料も税金も払えないからだ。

では、売上とは何なのか。「顧客満足の結果」である。どの企業も、何らかの満足を顧客に提供するから、売上という果実が手に入る。だから、顧客満足は徹底的に追求すべき経営の最重要テーマである。

しかし、思いつきや場当たり的な顧客満足では、あまりにも効率が悪すぎる。組織能力としての蓄積もままならない。もっと、計画的、かつ組織的な顧客満足への取り組みが必要だ。そういう問題意識にもとづいて、顧客満足の「中長期（3～5年）のあり方」と「実行計画のあらすじ」を描いたものが事業戦略である。

その事業戦略を中心軸に、中期経営計画は組み立てられる。もちろん、中期経営

計画には、適正利益の確保に向けたコストダウンや人材育成なども戦略として盛り込まれるが、それらは事業戦略と連動してこそ意味がある。

職場のリーダーはこのような視点で、中期経営計画を捉えること。それは、営業や製造部門のみならず、経理や人事部門の人たちにも求められる基本的な態度であり、中期経営計画の共感的理解のスタートラインである。

経営陣は、以下の３つの要素を総合的に検討し、事業戦略を決定する。

①環境変化の予測に注目する

１番目が「環境予測」である。

たとえば、平成24年１月の国立社会保障・人口問題研究所の調査によれば、日本では人口の高齢化が進行し、65歳以上の人口割合は「現在の約23％」から平成72（2060）年には「約40％」に上昇するという。

そのような超高齢化社会は医療、介護、食生活などの分野に、膨大なビジネス・チャンスを作り出すであろう。半面、働き盛りの人たち向けのマーケットは縮小し、スケール・メリットが頼りの、規格品を大量生産するような事業は衰退するだろう。

このように、経営陣は環境変化がもたらすビジネスチャンスや脅威を読み取って、将来のわが社の顧客の可能性を検討するのである。

②競争に負けないための「差別化的強み」はあるか？

しかし、環境変化に対応するだけでは、戦略として不十分だ。もう1つ、「差別化」という要素が絡んでくる。平たく言えば、「わが社の強みは何か」に対する答えである。それも、競争相手が持っていないもの、あるいは彼らの持っている強みを凌駕する強みでなければならない。

仮に今現在、差別化できるような強みがなくても悲観には及ばない。時間をかけて種まきをすればよい。将来、何を強みにできるのか、そこに焦点を合わせて検討するのが戦略策定である。

筆者が関わりを持つある中小企業では、歴代社長が「ワンポスト・ひと技術」の発想で、強み探しに取り組んだ。同社は金属製品製造業であり、それゆえに技術力が勝負である。歴代社長は、「自分の在任期間中に、自分の責任において、次世代技術を最低1つは開発する」というミッションを自らに課して仕事をし、見事にそれをやり切った。

現任社長も次世代技術の開発にチャレンジしたが、自社単独の強みがなかなか見つからない。人脈を頼りに、いろいろな人の意見に耳を傾けた。会社に戻っては、一人静かな時間を持ち、徹底的な「一人対話」も試みた。そうした苦悩の中から、「他社の強みと自社の強みを結合し、〝新たなわが社の強み〟を作り出す」という強みづくりの方法を発見し、現在、その実現に向け、さまざまな努力を払っている。

努力が成果を生むためには、長い時間とさらなる努力とが必要だが、競争相手に負けないための方向性は見えてきた。あとは、全社員一丸の実行あるのみである。


このように、わが社の強みを構築すること。それが差別化であり、戦略が具備すべき2つ目の要件である。

③ロマンを感じ取ろう

戦略策定に際しては、環境変化と差別化は必須であるが、それでもまだ不足がある。さらにもう1つ、「働く人々のロマン」が必要だ。

デパ地下で、惣菜を製造販売している会社がある。社長は女性であり、「忙しいお母さんの代わりに、温かいぬくもりが感じられる出来立て惣菜をお客様に提供したい！」という強い思いを抱いて、名古屋の地で商売を開始した。その切なる思いは、幹部社員や店長にも共有され、全国の百貨店に多店舗展開するに至った今日では、会社の存在理由そのものになっている。

そういう「事業に対する思い入れ」がロマンであり、「ロマンの具現化」という切り口で戦略が策定されるのが望ましい。ロマンは、働く人々の意欲の源泉として機能するからである。

［ステップ❷］

職場と個人のミッションをみんなで確認しよう

✓ 職場のミッションを話し合う

部門の中期経営計画（ビジョンと戦略）をメンバー全員が理解したら、次にリーダーが仕掛けるのは、「職場ミッションの明確化」の議論である。職場ミッションとは、中長期的に見た職場の役割と担う責任のことだ。

向こう3～5年間を見渡して、この職場が貢献すべき対象は、いったい、「何」なのか、「誰」なのか、あるいは「どこ」なのか。貢献対象を固有名詞に近い状態で把握して、その貢献対象に中長期にわたって「提供すべき職場の仕事」を、部門の中期経営計画と絡めて生き生きと描き出すこと。

これが職場ミッションの明確化のストーリーであり、それに則って、リーダーとメンバーが真剣な議論を展開すれば、お互いの思いのこもった職場の基本的な役割の共有化が可能になる。また、役割の実践意欲も刺激されるだろう。

✓ 絶対に外せない顧客への貢献

職場ミッションについて話し合う際に、絶対に外せない貢献対象が2つある。「お客様」と「適正利益の確保」である。基本的に、どんな職場も、何らかの形で両者に貢献することが求められているからである。

とりわけ、お客様への貢献は重要だ。お客様が商品を買ってくれなければ、何も始まらない。究極的に会社を支えているのはお客様なのである。

それを忘れずに、全職場が顧客への貢献を意識すること。それが職場ミッションのキモである。

✓ 個人ミッションを作る

このようにして職場ミッションの定義ができたら、それをもとに個人のミッションを考える。次ページにあるのは、職場ミッションと個人ミッションの記入用紙である。こうした用紙を用意して、職場で話し合いながら空欄を埋めていくといい。

○リーダーミッション

リーダーの場合、リーダーとしてのミッションを考える。「なぜ、組織にリーダーが必要なのか」というそもそも論と職場ミッションの内容とを絡ませて、職場のリーダーとしての中長期の役割を描き出す。このときも、職場ミッションと同様で、貢献対象が手掛かりとなる。

リーダーの貢献対象は、以下の3つである。

まず、リーダーは部門経営者など、上位者の分身であり、上位者に貢献しなければならない。いろいろな貢献が想定されるが、いちばんの貢献は上位者の方針の率先垂範（身を以って率先して実行すること）だと筆者は考える。

同時にリーダーは、メンバーを通して業績を上げる人でもある。当然、メンバーも重要な貢献

✓ ミッションシートの例

職場ミッション

▶この職場は

〔　　　　〕に〔　　　　〕を提供します。

貢献対象（具体的に書く）

個人ミッション

▶山田太郎は

リーダーとして

〔　　　　〕に〔　　　　〕を提供します。（リーダーミッション）

担当業務については

〔　　　　〕に〔　　　　〕を提供します。（担当業務ミッション）

▶鈴木一郎は

担当業務については

〔　　　　〕に〔　　　　〕を提供します。

チームワークについては

〔　　　　〕に〔　　　　〕を提供します。（チームワークミッション）

▶斉藤花子は

担当業務については

〔　　　　〕に〔　　　　〕を提供します。

チームワークについては

〔　　　　〕に〔　　　　〕を提供します。

▶佐藤陽子は

担当業務については

〔　　　　〕に〔　　　　〕を提供します。

チームワークについては

〔　　　　〕に〔　　　　〕を提供します。

対象だ。「もっと、自分の強みを認めてほしい」、「仕事に行き詰まったときは、親身になって助けてほしい」などのニーズをメンバーは持っている。

さらに、リーダーは「職場」という組織に貢献しなければならない。職場が1つの有機体として機能するためには、チームワークが必要であり、その強化に向けて、旗振り役を果たすのがリーダーの役割である。

○担当業務ミッション

一方、メンバーは個人として、「担当業務ミッション」と「チームワークのためのミッション」の2つを考えることになる。

担当業務ミッションとは、自分が担当している業務の中長期的な役割であり、現在の担当業務を今後も担当するという前提で考える。

たとえば、同じ営業部に所属していても、各々の営業マンは異なった客先を担当し、客先特性もニーズにも違いがある。も

✓ ミッションの種類

職場ミッション

個人ミッション

- ○リーダーミッション（リーダーのみ）
- ○担当業務ミッション
- ○チームワークのためのミッション

し、自分がこのまま将来も継続担当するならば、お客様とどう向き合っていくのか。それを考えるのが、営業マンの担当業務ミッションである。

また、職場によっては、営業マンをサポートする営業庶務という仕事に従事する人がいる。その人たちには、営業部のミッション（職場ミッション）に加えて「営業庶務としてのミッション（個人の担当業務ミッション）」が必要だ。

営業庶務ミッションの貢献対象は顧客満足の第一線で体を張っている「営業マン」であり、営業マンが営業庶務に求めるニーズを理解し、応えなければ価値ある仕事とは言い難い。逆に、「規則はきちんと守ってほしい！」というような営業マンへの注文もあるだろう。それを上手に伝えて、効率的な組織営業の展開に貢献することも営業庶務の重要な役割である。

なお、リーダーがプレイング・マネャーである場合は、リーダーはリーダーミッションに加えて、担当業務ミッションも記入するようにする。

○チームワークのためのミッション

メンバーの個人ミッションの２つ目は、チームワークのためのミッションである。

組織は分業と協働の仕組みであり、メンバーには「自分が請け負った分業の完全遂行」と「職場のチームワークづくりへの積極的な参画」とが求められている。前者は担当業務ミッションとしてすでに定義したが、それにもう1つ、チームワークへの貢献というミッションを付け加えることが必要だ。両方を合わせて、メンバーの個人ミッションが完成するのである。

草分け企業の成功体験に学べ

職場ミッションや個人ミッションの議論に時間を割くのは無駄ではないか？　そういう意見も一部にはあるが、ミッションの明確化はMBO-Sの草分け企業が苦労の末に編み出した「MBO-Sの運営ノウハウ」であり、試しに一度やってみてほしい。

MBO-Sの原典、『The Practice of Management（現代の経営）』（ドラッカー／1954年）は、キリンビール（株）の社員が留学のお土産として日本に持ち帰り、学者たちの協力を得て翻訳の初版本が出版されたという。

出版を契機に、多くの日本企業がMBO-Sの実践に取り組んだ。その1つに、住友金属鉱山（株）がある。同社は、昭和37年から39年にかけて、業績悪化に対処するための人員削減策を実施して、8100名の従業員を5000名に圧縮した。いわゆる人的リストラである。

このままでは、縮小均衡に陥ってしまう。そう考えた当時の社長は、人員削減と並行して、もう1つの指示を出す。５０００名の人員で８１００名分の成果が得られるような「新しいマネジメント」の研究だ。

社長から手渡された『現代の経営』を手掛かりに、勉強会が実施され、「ドラッカーの主張は何なのか？」、「わが社として、どう具現化すればよいのか？」などを徹底的に議論した。経営学の学者にも相談した。社内の現場でも試行錯誤が繰り返され、最終的には「目標による管理制度」という従来とはまったく異なったマネジメントの仕組みを完成する。

それがうまく機能して、経営危機からの脱出の一助になったという（21世紀への企業の人間的側面・座談会／フジ・ビジネス・レビュー第13号／１９９７年）。

ミッションの意味づけ

同社の編み出した目標による管理制度の特徴は、「ミッションにもとづく目標の連鎖体系づくり」であり、そのミッションの「意味づけのコミュニケーション」がうまく機能したのが最大の成功要因ではないか、と筆者は推測する。

意味づけとは、「そのことは自分にとってどのような意味があるのか」と自問自答を繰り返し、自分なりの答えを見つけ出す行為である。

それは大変な思考作業であり、一人でやると、「まぁ、こんなものか」と適当なところで手打ちをし、「自分への言い聞かせ」が中途半端に終わってしまう。だから、みんなでワイワイと語り合うプロセスが必要なのである。語れば必ず反応があり、反応を手掛かりに、自問自答を繰り返す。

そういう意味づけのコミュニケーションを、社長以下末端まで組織ぐるみでとことんやり切れば、当事者の目標に対する責任感と納得感とが醸成され、達成意欲も湧いてくる。苦しい事態に直面しても何とか頑張れる。必死になって目標達成活動に取り組めば、仕事の面白さも実感できる。その繰り返しの結果として、業績が向上し、経営危機からの脱出に成功した。そう筆者は捉えている。

[ステップ❸]

部門の今期計画をよく理解する

✓ いよいよ、今期の話をしよう

ここまでで、中期経営計画の理解に始まり、中長期的な職場ミッションづくり、個人ミッションづくりが完了した。これからは今期（年度レベル）の話になる。

ここでも、部門→職場→個人の流れで話し合う。まず、リーダーが中心になって部門の年度計画の理解からスタートする。とくに重要なのが、年度計画の中心にある「部門の年度目標」の咀嚼である。

部門の年度目標は、「戦略目標」と「日銭目標」との２つに大別される。

戦略目標は部門の中期経営計画の中核をなす戦略と連動した目標であり、日銭目標は「売上や利益目標」、あるいは「ルーチンワークの改善・改良目標」などの年度必達目標のことだ。

それらの内容を正しく理解したうえで、自分の職場ではどんな貢献ができるのかを考えて話し合う。

✓ チャレンジ目標づくりのプロセス

ステップ❶部門の中期経営計画の理解
ステップ❷職場や個人の中長期的な役割の理解
- 職場ミッション作り
- 個人ミッション作り

（ここまでは解説済み）

ステップ❸部門の今年度の計画の理解
ステップ❹職場の今年度の貢献領域一覧表づくり
ステップ❺職場と個人の今期の目標（チャレンジ目標）を決定する

［ステップ❹］
職場の今期の貢献領域一覧表を作成する

✓ 職場ですべきことをすべて洗い出す！

ステップ④では、部門の年度目標に対してこの職場が貢献すべきことは何なのか？　職場ミッションと絡めて考える。次ページのような「職場の貢献領域一覧表」を用意してワイワイガヤガヤやりながら、記入していくといい。

○戦略業務

まず、「戦略業務の洗い出し」である。それは部門の年度戦略目標との連動で、この職場が今期にやるべき業務、あるいはやりたい業務の明確化だ。もちろん、中期経営計画をもとに考えた職場ミッションとの合致も必要である。

たとえば、「○○業界に狙いを定めた、新規顧客の開拓」という中期戦略に対応し、「アタック先キーパーソンとの信頼関係の構築」という部門の年度目標が設定されたとする。

✓ 職場の貢献領域一覧表

○戦略業務

- 新製品説明会などを企画して、A社キーパーソンのB常務のわが社に対する関心を喚起する
-
-
-
-

○日銭業務

-
-
-
-
-

○その他の業務

-
-
-
-

それを受けて、「顧客への問題解決サービスの提供」という職場ミッションを掲げるこの職場では、「新製品説明会などを企画して、A社キーパーソンのB常務のわが社に対する関心を喚起する」という具体的な戦略業務に落とし込み、それを職場のやるべき仕事とするのである。

このような仕事は、将来に対する種まきであり、今年の売上や利益の増減にはほとんど影響を及ぼさない。しかし、中長期の観点では、きわめて重要な仕事である。今、地道にコツコツと種をまくから、3年後に刈り取れる。種まきを怠れば、餓死に近い状態が待っている。そういう性格を持った業務であり、決して疎かにできない重要な仕事である。

○日銭業務

戦略業務に対して、「部門の日銭業務」はもっと生々しく、現実的である。

株主や銀行と約束した売上や利益目標の達成が部門経営には重くのしかかり、その必達要請が現場には飛んでくる。

製造部門には「コストダウン目標」が、営業部署には「売上目標」が、否応なしに天から降ってくる。また、間接部門には、法律改正などに伴う「環境変化に対する応急措置」が緊急業務として課されることも稀ではない。

いずれも、職場ミッションに照らせば、この職場の仕事であり、拒否が許されない「必達業務」である。手抜きをすれば、たちまち会社がピンチに立たされる。商法で定められた決算にも支障をきたす。部門の日銭目標と連動した職場の日銭業務も、戦略業務と並ぶ、重要な「自職場の役割責任業務」なのである。

✓ 部門目標と直接連動しない業務をどうするか

職場の貢献領域一覧表には、部門目標と連動した戦略業務と日銭業務のほかに、その他の業務という欄を設けてある。ここには部門目標とは直接連動しないが、職場ミッション上、この職場がやるべき業務を記入する。

たとえば、営業マンが入手した競争相手の動向や顧客の購買行動の変化などの情報を、リアルタイムで関連部署に提供する。これは営業部隊にとっての職場ミッションであり、たとえ部門の年度目標に含まれていなくても、営業のやるべき業務に違いない。

そういう類いの仕事を職場ミッションに照らして洗い出すのである。

このように、職場には、部門目標と連動した戦略業務と日銭業務、それに加えて部門目標とは直接的に連動しない職場ミッション上の業務という3つの業務が課されている。

そのすべてを整理したものが職場の貢献領域一覧表であり、この表をみんなで作りながら、「これらをすべてやり切ることが、我々の職場の役割と責任だ！」とリーダーとメンバーとで確認し合うこと。それがこのステップのアウトプットであり、次に控える「職場と個人の年度目標（チャレンジ目標）」づくりをよりよいものにするための準備である。

［ステップ❺］

今期の職場と個人の目標（チャレンジ目標）を決定する

✓ 職場と個人の目標を作る

ここまで随分長い道のりを要したが、ここからはいよいよ今期の職場目標と個人目標づくりに着手する。これまでの話し合いでメンバーは、部門経営者の思いや職場の業務の必要性をかなりの程度感じ取り、職場目標の設定に向け、モチベーションを高めているはずである。

その意欲と責任感の高まりを背景に、リーダーは職場目標の設定ミーティングを実施する。

その際は、個人目標の設定ミーティングも同時並行的に開催する。職場目標は、その全部がリーダーとメンバーの個人目標にブレークダウンされるからである。

職場目標を決めようと思えば、それを請け負うメンバーの意向は無視できない。メンバーの力量を勘案したブレークダウンも不可欠だ。そこで、職場の目標づくりと個人の目標づくりはお互い、行ったり来たりしながら行うのである。煩雑さの伴う作業ではあるが、きちんとやり切れば、チャレンジ目標の納得設定が実現する。

職場の目標テーマの達成基準や達成手段を考える過程が、そのまま個人の目標づくりの過程でもあるのだ。

ミーティングに必要な資料は、以下の３つである。

①職場の貢献領域一覧表（57ページ）
②ミッションシート（職場ミッションと個人ミッションを記入したもの）（49ページ）

✓ チャレンジ目標づくりのプロセス

ステップ❶部門の中期経営計画の理解
ステップ❷職場や個人の中長期的な役割の理解
・職場ミッション作り
・個人ミッション作り
ステップ❸部門の今年度の計画の理解
ステップ❹職場の今年度の貢献領域一覧表づくり

（ステップ❶〜❹：ここまでは解説済み）

ステップ❺職場と個人の今期の目標（チャレンジ目標）を決定する

③職場と個人のチャレンジ目標シート（74、91ページ）

①②は前ステップで得られた成果物であり、③は今回新たに作成するシートである。

✔ チャレンジ目標はギリギリ背伸びしたもの

目標設定ミーティングではまず、リーダーがチャレンジ目標の必要性をメンバーと確認し合うことからスタートする。

チャレンジとは「ギリギリの背伸び」を意味しており、仕事の質的向上や量的拡大、あるいは未知の領域への取り組みなどがそれに該当する。また、高いレベルの維持というチャレンジもある。たとえば生産現場なら、「労災事故ゼロの状態を将来にわたって維持し続ける」というのもチャレンジである。

「わかりました」
「チャレンジ目標は難しい目標で、達成には相当の困難が付きまとうということですね」
「しかし、そんなシンドイ仕事は、できれば避けて通りたい。それが私のホンネです」

「なぜ、そうまでして、チャレンジに拘る(こだわ)のか。私にはわかりません」

そう、メンバーが聞いてくるかもしれない。

そんなとき、リーダーはどう答えるか。

「チャレンジ目標の必要性は以下の２つである」と答えたい。

✔ 競争に勝つためのチャレンジ目標

１つは、「競争優位」のためである。

競争相手よりも難度の低い目標で仕事をすれば、競争に勝てるわけがない。火を見るよりも明らかな事実である。だから、競争相手を意識したチャレンジという視点が盛り込まれた戦略目標を部門は設定し、職場目標や個人目標へとつなぐのだ。

✔ チャレンジ目標は働きがいを促進する

チャレンジ目標の必要性のもう１つは、「能力開発」である。

ギリギリ背伸びした目標の達成プロセスは一種の修羅場であり、そうした修羅場体験が、職場や個人の問題創造能力や問題解決能力の開発を促進するのである。

自分の実力が飛躍的にアップしたと感じられるのは、多くの場合、「一見、無理だよねぇ～」というテーマや未経験の領域にチャレンジし、成し遂げたときではなかろうか。

筆者のような教育コンサルタントの仕事でも、同じレベルの研修を十年一日のごとく繰り返していたのでは、ある種の習熟効果は得られても、さなぎが蝶々に脱皮するような自己成長は難しい。

実力アップのためには、自分の能力を超える仕事を引き受けて、七転八倒の苦しみを味わいながら、しかしその状況も楽しみながら、次第に自分なりのコンセプトやノウハウを固めていく、そういうプロセスが絶対に必要だ。それがあるからこそ、自分の潜在的可能性が実感でき、クライアントのハッピーにも貢献できる。

反対にやさしい目標では、習熟能力は高まっても、顧客満足の創造や執念と呼ばれるような実践的なビジネス能力は育たない。能力開発が停滞すれば、仕事の面白さの実感や自分の持つ潜在的可能性の予感などの「働きがいの醸成」はままならず、仕事への取り組み意欲も高まらないのである。

✓ チャレンジ目標は会社と働く人々をつなぐ架け橋

働く人々が職場の目標を共有し、それと連動した個人目標の「計画→実行→ふりかえり」のサイクルを、スパイラル曲線的にグルグル、グルグルと回すこと。

そのサイクルがうまく機能すれば、業績向上への貢献も、働きがいの醸成も可能になる。ギリギリの背伸びが伴ったチャレンジ目標の設定は、会社の幸せと働く人々の幸せをつなぐ架け橋なのである。

✓ 目標達成の予感があるか

ここで注意してほしいのは、チャレンジ目標は程よく背伸びした目標であって、難しければ、難しい程よいというものではない、ということだ。本書でも、再三、ギリギリの背伸びという表現を使っている。

では、何をもって、ギリギリの背伸びと判断するのだろうか。

それは「目標達成の予感」であり、達成の予感は「目標達成手段」がつれてくる。

目標設定時点で、達成手段が60～70％程度見えている状態を創り出すことが大切だ。手段が見えているから、「何とかなりそうだ！」という納得感も高まって、達成意欲も強くなる。それが目標達成の予感である。

もちろん、チャレンジ目標であるから、最初から100％の手段が見えていることなど、絶対に有り得ない。しかし、ある程度見えていなければ、絶望感が襲ってきて、目標に対するコミットメントは得られない。そのギリギリのところで、職場目標も、個人目標も設定する。それが、程よく背伸びした目標という意味である。

✓「何」を目標にするのか？

では具体的に目標づくりのミーティングを見ていこう。

リーダーとメンバーは、職場の貢献領域一覧表（57ページ）の戦略業務と日銭業務の中から、職場の目標にすべき、あるいは目標にしたいと思う業務を選び出す。それが「目標テーマ」である。

目標テーマは、「何を、どれくらい、いつまでに、どのように、達成するのか」という目標設定の基本要件でいえば、「何を」の部分に該当する。

戦略業務や日銭業務を単に書き写すだけで満足するのでなく、どのような形で目標に仕上げるかを職場で話し合い、いろいろな切り口で考える。ここがよい目標づくりのツボであり、きわめて重要な作業である。決してさらりと流してはいけない。

たとえば、部門の売上目標が１００億円だからと、課（職場）の目標30億円、メンバーの目標５億円というように、売上数値を単純に分割するのが、果たして良い目標なのだろうか。

また、製造現場に目をやれば、無理難題としか思えないようなコストダウンの要求が上から降りてくることがある。それに何の加工も加えずに、「会社方針が10％削減だから、うちの職場も10％のコストダウンにチャレンジする！」というのでは思考停止と言えないか。

✓ 問題解決テーマの目標化を！

結果のまた結果である売上やコストダウンなどの数値目標を、実務に役立つ生きた目標に転換するには、「阻害要因の除去」、あるいは「促進要因の増強」といった、問題解決テーマの目標化が欠かせない。

確かに上位計画は売上やコストダウン目標の達成を現場に求めている。だから、その必達数字を日銭目標として設定する。それそのものは間違っていないし、ぜひ、そうしてほしい。しかし、売上などの数値目標だけでは、目標達成の観点からも、働く人々のモチベーションの観点からも、十分とは言い難い。こうした数値目標は、問題解決目標と併せて設定するのが望ましい。

たとえば、この職場には商品知識が未熟な営業マンが3人いる。知識がないから、顧客の質問にも即答できず、問い合わせの電話に出ても、「わかりません。知っている者につなぎます」とたらい回しを平気で繰り返す。お陰で、職場のチームワークも乱れてしまう。

この状態は数値目標の阻害要因の1つであり、解決すべき問題である。

そこでリーダーは、当事者の3人はもとより、メンバー全員を集めて、「3人の商品知識の習得」を職場の目標に設定したい旨を説明する。勉強会やロールプレイングの実施など、みんなで協力してほしいと要請する。そして「達成基準」と「納期」について話し合い、「3ヶ月後には、3人ともが商品知識を完璧に身につけた状態を実現する。身につけたかどうかの達成基

✓ 数値目標だけではモチベーションは上がらない

数値目標

＋

「どうしたら数値目標を達成できるか」を目標化できないか考えてみる

準は、実技テストで合格点を獲得すること」という具合に職場目標を設定する。

このような目標設定の仕方を「仕事プロセスの目標化」と呼び、これが生きた目標づくりの重要な押さえどころである。

✓ 仕事プロセスの目標化

上記のような仕事のプロセスの目標化は、職場目標に限らず、個人目標を作る際にも、必要に応じて活用する。

世の中には、仕事のプロセスでいくら努力をしても、成果が上がらなければ意味がないという考え方が存在するが、本当にそうだろうか。いささか、短絡的な発想のように思われる。真実は「プロセスなくして成果なし」であり、成果を得るためにはプロセスにおける努力、すなわち試行錯誤がきわめて大切なのである。

その試行錯誤の仮説を目標として設定することが、場合によっては必要だ。未熟な営業マンが売上目標のみを目標に設定すると、それが難しいものであればあるほど「大変だなぁ」という気持ちが先行する。なかなか、「よし、やるぞ！」という意欲につながらない。

そんなときは、売上目標を達成するために何を成すべきかと自問して、目標達成手段を具体的、かつ体系的に考え出す。その「手段の実行」を目標に、日々の活動を組み立てる。一見、遠回りのように思えるが、実際にやってみると効果の高い方法である。一般的に、成績不振の営業マンには、この考え方が欠落しているのではなかろうか。

✓「ピーン」と来る目標

目標のテーマアップに関して、もう1つ、留意すべきことがある。メンバーの心に馴染むような目標への置き換えである。

工場の最前線で現場作業に従事している人たちに、「前年比10％の生産性向上があなたの目標だ」と言っても、果たしてピーンとくるであろうか。

おそらく、みんな首を縦には振らないであろう。確かに、この目標には数値としての具体性はある。しかし、働く人々にとっては遠い存在だ。目標と仕事の実態とが懸け離れており、そのために「目標＝自分たちの日常業務」と感じ取ることが困難なのである。これでは目標は他人ごとになり、強い目標達成意欲も責任感も湧き出ない。

このような場合には、「前年比10％の生産性向上」を、現場の人たちが日常的に慣れ親しんでいる時間管理目標、たとえば「A製品の段取り換えを5分短縮する」という目標に変換する。また、目に見える目標である「不良品の個数削減」などに置き換えてみる。それが、ピーンとくる目標である。

✓「その他の業務」からも目標を作る

目標テーマを決めるときには、職場の貢献領域一覧表の「その他の業務」の中からも、目標にすべきテーマはないか検討しよう。その他の業務の中で、「今期とくに注力すべきこと、注力したいことは何なのか」とみんなで考えて、リーダーとメンバーが重要だと判断したものを、職場の目標テーマに組み入れる。

たとえば、ＭＢＯ-Ｓの主管部門である人事部企画課が、「各現場のＭＢＯ-Ｓの実践サポート」という職場ミッションの具現化策の１つとして、「企画課の目標連鎖の実態を開示して、良い目標づくりの啓蒙活動を展開する」という目標テーマを設定する。それは、戦略業務でも日銭業務でもないかもしれないが、職場ミッションに照らせば、設定すべき目標の１つだろう。

「いつまでに」「どのくらい」「どうやって」を決める

目標のテーマアップと同時並行的に、達成基準の設定と達成手段を考える。

達成基準とは、ピックアップした目標テーマを、「いつまでに」、「どれくらい」達成するのかというもので、ギリギリ背伸びした状態に設定するのが鉄則である。

このギリギリの背伸びの検討には、何らかの裏付けがほしい。使える「ヒト・モノ・カネ」を確認することなしに背伸びを強行すれば、メンバーからは無謀と言われるだけだ。だから、きちんと裏付けのあるものにしたい。

こうした経営資源の検討に加え、さらに重要なのが目標の「達成手段による裏付け」である。

「達成予感が伴った目標設定を」という言葉を思い出してほしい（65ページ）。そこでは、目標に対する納得感と達成意欲を

目標テーマごとに考えよう

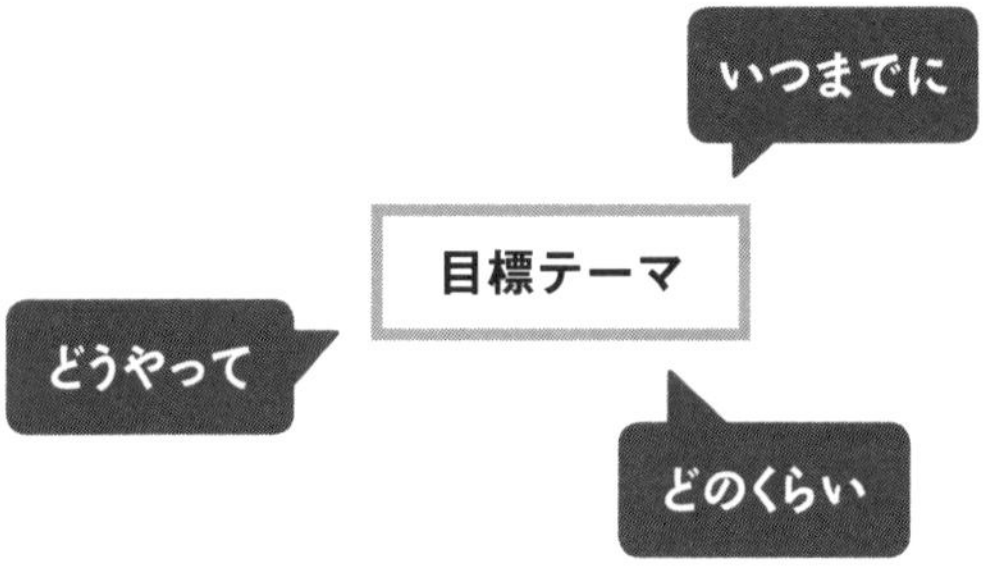

高めるためには「60～70％程度の達成手段」が必要だと説明した。その達成手段の探索を、目標テーマごとに実施して、ギリギリの背伸び状態の確認や達成予感がもてるかどうかを検討するのである。

✓「どれくらい」は「達成手段」との兼ね合いで決める

リーダーは、次ページのような表を作って達成基準と達成手段を行き来しながらミーティングを進行する。それは両者の内容を同時並行的に決めようとする作業である。よりよい達成手段が見つかれば達成基準の難易度を高めることができる。あるいは、あらかじめ高めの水準に達成基準を設定し、それに合った達成手段をみんなで考える、というやり方もある。これらをうまく組み合わせ、質の高い職場目標に仕上げるのがこの作業の目的である。

✓個人目標は職場目標の重要な達成手段

職場目標の達成手段は、さまざまな切り口からの検討が必要だが、その際に忘れてならないのが、「個人目標」の存在である。職場目標は個人目標の集合体であり、個人目標のチャレンジ度

✓ 職場のチャレンジ目標シート

	目標	いつまでに、どのくらい（達成基準）	どうやって（達成手段）
戦略目標	• • • •	• • • •	• • • •
日銭目標	• • • •	• • • •	• • • •
その他の目標	• •	• •	• •

合いと達成可能性が職場目標の重要、かつ最大の達成手段となるからである。

だから、職場目標の達成基準や達成手段を考えるときには、メンバーそれぞれが、「自分は今期、これを達成する」、「自分は今期、こんな工夫をする」といった風にそれぞれの個人目標づくりも同時並行的に推進する。メンバーは、職場のどの目標テーマをどの程度引き受けるべきか、個人のミッション（49ページ）に照らして考えるのである。

ここでも重要なのはオープンであるということだ。みんなで議論して、各々の引き受け業務の内容を合意する。引き受け業務の達成手段もみんなで知恵を出し合うような進め方がベストである。

目標の達成手段の見つけ方

手がかり情報をどこに求めるか

目標設定において、もっとも労力を要するのは「手段を見つけること」である。手段の探索の出発点は、自分の体験の掘り起こしにある。過去の自分の成功や失敗体験を振り返り、活用できそうなものを拾い出す。次には、他のメンバーの経験的知識を借用する。何年か仕事を続ければ、そこには必ず成功事例や失敗体験があるはずだ。それを各人がテーブルの上に出し合って、ワイワイガヤガヤと揉み合う。

しかし、職場内の情報だけでは、情報不足のきらいがある。知恵の創出には、もっと幅広く、職場の外に情報源を求めることも必要だ。リーダーは、人脈を活用し、社内の成功事例を収集する。その成功の本質を手掛かりに、職場目標やメンバーの目標達成手段を検討する。そういう知恵の出し方を「ナレッジ・マネジメント」という。一般的に「成功事例のヨコ展開」と呼ばれているものである。

ナレッジとは「吸い取ること」

ナレッジで留意すべきは、表層だけを見るのではダメだということだ。

ある会社で、表彰制度を導入したら、社員が元気になり、業績が向上した。ならば、わが社も表彰制度を導入する。これがダメな典型例であり、成果を望むのは難しい。

ナレッジは、あくまでも「本質の吸い取り」でなければならない。

社員を元気にしたのは表彰制度そのものではなく、「社員に感動を与える仕組み」として表彰制度が機能したからである。この違いを理解せず、表面のみ真似をする。挙句の果ては、「うちの風土には馴染まなかった」と嘆きの声を漏らすケースがあまりにも多い。

ナレッジ情報は、言語や文字、あるいは数学的表現ではうまく伝えられない情報であり、情報の受け手が成功事例の中から、「これだ！」というものを嗅ぎ取る作業である。そういう認識にもとづいて、ナレッジ・マネジメントに取り組む姿勢が肝要だ。

社外人脈から得られる「ベンチマーク情報」

ナレッジ情報を活用しても、目標達成手段が不足する。そのときは、「ベンチマーク情報」を活用する。

ベンチマーク情報は「社外に存在する成功事例や失敗事例」であり、簡単には入手できない情報である。確かに、雑誌や新聞では、毎日のように「企業の意欲的な取り組み事例」が紹介されている。しかし、そのほとんどは「表面的な情報」であり、そのまま鵜呑みにするにはリスクが多すぎる。

成功や失敗の本質に近い情報は、もっと「ドロッとした人間臭いもの」であり、「ここだけの話だが……」と耳元で囁くような情報ではなかろうか。そのような情報の収集には、「社外人脈」が不可欠である。

リーダーは自分や同僚、さらには上位者の持つ人脈網を活用し、社外に存在する、有効な情報源となる人を探し出す。そこから得られた情報が「真実の情報」であり、それを手掛かりに目標の達成手段を補強する。そういう手段の探索方法が「ベンチマーキング」である。

人脈は「財産」であり「重要なビジネス能力」

ナレッジ・マネジメントにしろ、ベンチマーキングにしろ、キーワードとなるのは「人脈」である。

リーダーに人脈がなければ、目標達成手段の探索は範囲の狭いものになり、職場目標や個人目標のチャレンジ性も弱めてしまう。そればかりか、学者の研究（たとえば、『変革型ミドルの探求』／金井壽宏／白桃書房／1991年）によれば、人脈不足は大きな仕事を成し遂げたり、変革を仕掛けたりするときの障害にすらなってしまうという。

筆者の体験からも、課長などのミドルクラスの人たちが、よりチャレンジングな仕事をしようとするならば、社内外の人脈の構築と活用が必須である。とりわけ、社内の実力者とのパイプづくりは不可欠だと考える。

また、インフォーマル・ネットワークの形成も重要だ。

「この会社をもっとよくしてやろう！」という志を同じくする人たちが、水面下で心を1つに結びつけ、さまざまな新しい試みを同時多発的に実践する。実践結果を共有し、次なる試みを話し合う。そのような「同志的人脈」と「会社の公式組織」とが融合し、組織全体が変革に向けて動き出す。それが経営の実態であり、ミドルによるインフォーマル・ネットワークは、会社の隠れた経営資源として、無視できない存在なのである。

昨今、ビジネス能力への関心が高まって、大勢の人たちが各種の資格取得や勉強に励んでいる。それはそれで大事なことだが、人脈の力を忘れないことが肝要だ。働く人々にとって、人脈は財産であり、その活用はきわめて重要なビジネス能力なのである。

✓ 目標づくりで知っておきたいこと

ここまで、「目標テーマのピックアップ→達成基準や達成手段を考える」というプロセスを、職場目標と個人目標とのキャッチボールという方法で、リーダーとメンバーみんなでワイワイガヤガヤ話し合いながら展開する、という話をしてきた。

その際の着眼点や留意点を縷々と述べたが、もう1つ重要な話が残っている。定性目標の具体化に関することである。

✓ 定性目標は具体化を！

「夢と働きがいのある職場づくり」、「改善提案活動の徹底」、「コンサルティング営業の推進」、「新人事評価システムの構築」など、つかみどころのない雲のような目標が設定されることがある。いずれも、目標もどきのスローガンであり、決して目標と呼べるようなものではない。

どうして、そのような事態が起きるのか。それは定性目標の特性のためだ。

売上高や利益率のように、数値表現できる定量目標とは違い、定性目標は数値化できないものである。そのために、どうしても抽象的な表現になりやすい。

それを防ぐために、ほとんどの企業の目標管理マニュアルには、「目標はできる限り数値化すること」と記してある。しかし、それはきわめて誤解を招きやすい表現だ。

正しくは、定量目標は「必ず数値化すること」であり、定性目標は「進捗管理や評価に耐え得るように〝具体化〟すること」でなければならない。

では、定性目標をどのように具体化するのか。以下の３つの方法が有効である。

①固有名詞を使ってイキイキと記述する

定性目標の具体化の鉄則は、いきなりの数値目標は避けることである。まず、状態記述を試みる。何が、どのような状態になっていれば、目標達成なのかという当事者の思いをできる限り具体的にイキイキと記述しようとするものだ。

たとえば、明るい職場にしたいという当事者の思いを、「毎朝、みんなが笑顔で挨拶をしている」、「呼ばれたら、感じよく〝ハイ〟と返事をしている」、「お互いに認め合い、励まし合っている」というように、具体的な状態で表現する。

こうすると、結果の測定も「◎○△×」の４段階くらいで可能になる。その際に、固有名詞を用いれば、記述場面が限定され、その分だけ進捗管理や評価の精度も高くなる。これが状態記述の基本である。

②数値化可能な代用項目を探し出す

①の状態記述だけでは不安が残る。そのような場合には、「代用数値化」も試みる。

定性目標の本質に近い数値化可能な〝代用項目〟を探し出し、それを目標の達成基準として使用する、という方法である。この方法を用いれば、ほとんどの定性目標の数値化が可能になるが、注意すべき点が2つある。

1つは、目標と因果や相関が認められる代用項目を用いること。それを無視すると、「特許の質を高める」という目標を「特許○件以上」で代用するという類いの過ちを犯してしまう。典型的な質と量との混同、もしくはすり替えである。

2つは、代用数値が目標の本質からズレないように、複数の、かつ、多面的な代用項目を用意すること。

たとえば、「接客サービスの向上」という目標の代用項目に、「売上高の伸び率」を採用する。よく見られるケースであるが、果たしてそれで十分なのだろうか。

確かに、接客サービスが向上すれば売上も伸張するという経験則が存在し、それに照らせば成立する図式である。しかし、売上高の伸び率は、サービスの向上を証明する１つの要素に過ぎず、それをもって、すべてを代替しようとするのは乱暴な話である。「再来店客数の増加数」など、いくつかの代用項目の追加が必要だ。そうしなければ、本来の目標の意味合いを薄めたり、歪めてしまう。

代用項目と状態記述とを組み合わす

ところが、実際に多面的な代用項目を探してみると、そう簡単に代用数値が見つからない。では、どうするか。そのときには、前述の状態記述との組み合わせ使用を試みる。

まず、実現したい状態を、「全販売員が両手を添えて、お客様に商品を渡している」という具合に描き出し、それに「売上の伸び率」や「再来店客数の増加数」とをセットして、トータルで定性目標を具体化する。それが、経験的にはいちばん有効な方法である。

③クリエイティブ型の定性目標

ゴールの姿が過去の経験から明確に描けるような目標、それは「アチーブメント型の定性目標」であり、状態記述や代用数値化による目標の具体化が可能である。

しかし、「クリエイティブ型の定性目標」は、「何が、どれくらいアウトプットされるのか、やってみなければわからない」という類いの目標であり、その具体化は状態記述や代用数値化だけではおぼつかない。そこで出てくるのが「手順や手段の目標化」である。

「手順や手段の目標化」は、最終的なアウトプットを目標とするのではなく、そこに至る活動手順と活動内容を目標にするものである。

ゴールに向けて、「いつまでに、何と何とをやり遂げる」という具合に活動手順を設定し、その手順ごとに「具体的な実行内容（手段）」を考え出す。一種の納期目標であり、職場の戦略業務の目標化の大部分はこの方法に頼るのが妥当であろう。

✓ 後追い設定も必要だ

ただし、1つ問題がある。目標の質的部分の欠落である。

納期は守ったが、仕事の質は低レベル。それでは、目標達成とは言い難い。納期目標には、暗黙の前提として、「納期遵守で、かつハイ・クオリティな仕事」というチャレンジ性が組み込まれているからである。しかしながら、手段や手順の質や、明確に描けない成果物の質の高さを、目標設定の時点で具体的にするのは難しい。

では、どうするか。

やむを得ず、目標の質的部分の詳細は後追い的に設定する。つまり、仕事の終了時点で仕事の質を評価して、それをもって目標設定に代替する、という方法である。

一見、不合理のように思われるかもしれないが、すでに研究開発業務などでは実証済みの方法であり、もっとも理想的な仕事の進め方であると考えられる。

仕事を進めるプロセスで、当事者と関係者とが話し合いながら、試行錯誤的に仕事の質を極限まで追い求める。それが仕事の面白さを誘発し、自律性も醸成する。結果として、会社の業績が向上する。そういう仕事のやり方が、MBO-Sが志向するクリエイティブ型目標の理想的な姿である。

後追い設定の事例

夢のような仕組みを創り出す

ある会社では、営業部隊の強化の一環として、「内勤者の約半数を営業部門に配転する」という方針を決定した。

総務部門は、それとの連動で、「現有の50％の人員で、現在のサービス水準を落とさずに、内勤業務がまっとうできるような〝新業務システム〟を、3年がかりで構築する」という中期戦略を策定し、「新業務システムの試行に耐え得る〝第1次プランの完成〟」という部門の年度戦略目標を設定した。

いまだこの世にない仕組みの創出であり、どんなものが完成するのか、その詳細を目標設定時点で描き出すのは難しい。「目標を追いかけながら、目標のグレードアップや新たな目標を創り出す」という類いの目標である。

それを受け、主管部署のリーダーは、「夢のような仕組みの創出」という漠たるゴールに向けて、段取りを考えた。

第1四半期は他社の先行事例を徹底的に調査して、質の高い調査レポートを作成する。第2四半期は調査レポートの内容を手掛かりに社内のヒアリングを実施して……、第3四半期はヒアリングで得られた情報にもとづいて今後の課題を整理する……。というような大まかな仕事手順の組み立てである。

次に、リーダーは第１四半期にやるべき他社の先行事例の調査に関する具体的な手段をメンバーと検討した。この種の調査で陥りがちなのは成功談に偏った情報収集であり、通常のインタビューでは、生々しい失敗体験や問題点がなかなか聞き取れない。そういうメンバーの問題提起を採り入れて、公式インタビューとは別枠で社内のプライベート人脈を活用した、相手先のホンネを引き出すような〝インフォーマル・インタビュー〟も企画した。

これが、「手順や手段の目標化」である。今一度、リーダーの目標を整理すれば、第１四半期の目標は「先行するA社とB社の事例を調査して、期末の○月○日までに、質の高いレポートを作成する。そのために、公式インタビューとインフォーマル・インタビューとを実施する」という内容である。

チャレンジ性は「短納期」と「レポートの質的向上」

リーダーは、目標のチャレンジ性についてもメンバーと議論した。

「MBO-Sの目標には〝チャレンジ性が必要だが、我々の第１四半期の目標に、どんなチャレンジをどう盛り込めばよいのだろうか？」

そう質問すると、「短納期で完成させればよい」、「インタビュー先には知人もいるし、何とかなりそうだ」とメンバーが反応し、「2週間前倒しの納期」をみんなで合意した。

難航を極めたのが、レポートの質の高さに対するチャレンジである。レポートの質的部分は仕事を進めながら高めるのが定石であり、期初に詳細を決定するのは不可能だ。どうしようか。ああでもない、こうでもないと話し合ったが、なかなか妙案が浮かばない。

最後はリーダーが決断した。レポートの質的部分のチャレンジは後追い設定という方法を採用する。完成したレポートに目を通した上司や関係者が「まずまずのレポートが仕上がった」、あるいは「かなり不満が残るが……」と言ったとき、レポートの質に評価が下されて、同時に〝レポート内容〟と〝手順や手段〟の質的目標が決定される。そういう考え方で、ハイ・クオリティなレポートづくりにチャレンジする。そうリーダーは説明し、メンバーもリーダーの決断を受け入れた。

このように、手順や手段の目標化は質的部分の後追い設定という弱みを持つが、抽象的な体言止めの雲のような目標もどきを目標にするよりは、遥かに意欲的で効率的な仕事を約束してくれる。それは経験的に見て、まず間違いのない事実である。

✓ 目標以外でやらなければならないこと

職場目標と個人目標のミーティングの最後は、「目標には設定しないが、やらねばならぬ個人業務」の明確化と合意である。

なぜ、この作業が必要なのか。それは「責任感」と「協働意識」の醸成のためである。すでに述べたように、組織とは一人ではできないことを、二人以上の人間の強みを使って実現する仕組みであり、それをうまく機能させるためには、分業と協働の促進が不可欠である。分業と協働の出発点は、一人ひとりが、自分の役割と責任を真剣に考えて、その内容をオープン・システムで、みんなと語り合うことである。それがなければ、おそらく、職場は秩序をなくしてしまうだろう。

現に、多くの職場には、自分の仕事は個人目標の達成であり、それが仕事のすべてだと錯覚しているようなメンバーもいると聞く。そういう人たちには、「本当にそうだろうか？」、「ミッションに照らせば、目標化されない分業責任があるはずだ」、「職場での自分の責任をどう考えるのか？」と質問したい。

こうした質問を自問自答して、得られた答えを文章で書いてみる。

たとえば、来社した他のメンバーのお客様に対しては、「○○が、いつもお世話になっております」とメンバーの名前を付け加えた挨拶をする。あるいは、「今日、こんな話を耳にした」と自分が得た情報を積極的に開示する。いずれも、協働に関する業務である。

その内容は、次ページの「個人のチャレンジ目標シート」の「上記目標以外にやるべきこと」に記入して、職場のみんなと確認し合う。そうすれば、自分の仕事の守備範囲が明確になり、責任感も刺激され、協働意識も芽生えてくる。

✓ リーダーの個人目標とその他の業務

リーダーは職場目標全体に責任を負う立場にあり、その意味では職場目標はリーダーの目標そのものである。しかしリーダーにも職場の一員としての個人目標が必要だ。

リーダーの個人目標の中心は、関連部門との折衝や対外的な交渉事など、職場目標の達成に直接的に絡む重要業務の目標化である。

また、メンバーの個人目標の達成支援も、必要に応じてリーダーの個人目標として設定する。

たとえば、あるメンバーが「有力顧客の内部情報の収集」という達成手段を掲げたが、メンバ

✓ 個人のチャレンジ目標シート

	目標	いつまでに、どのくらい（達成基準）	どうやって（達成手段）
チャレンジ目標	•	•	•
	•	•	•
	•	•	•
	•	•	•
	•	•	•
上記目標以外にやるべきこと	•		
	•		
	•		

職場の目標と個人ミッションとを重ねあわせて、個人目標を作成する

目標には設定しないが、個人ミッションに照らして、自分がやるべき役割責任業務を書く

ーの力だけでは不足があると感じたときは、リーダーは「客先トップとの人脈を使って、顧客企業の中長期経営課題の詳細を把握する」という具合に目標を設定し、個人のチャレンジ目標シートの「チャレンジ目標」の欄に記入する。

このような着眼点でリーダーは個人目標を設定するが、それ以外にもリーダーの役割は、「リーダーミッション」との関連でいくつか存在するだろう。たとえば、今期は昇格がかかっているA君への支援が欠かせない、昇格審査レポートの提出前の3ヶ月間は、2週間に1回のペースで、A君と一緒にレポート内容を検討する。そういう類いの業務もリーダーは担っているのである。

さらには、上位者の分身としての補佐業務や職場のチームワークの強化に向けたコミュニケーションなども、目標には設定しないが、リーダーのやるべき仕事である。

そうした業務は、「上記目標以外にやるべきこと」に記入する。

戦略目標と日銭目標の資源配分をどうするか

日銭目標一色にならないように注意する

目標づくりをするときのリーダーの役割の1つに資源配分の意思決定がある。どの目標に、どれだけの人的資源と時間を張りつけるのか。そこに当たりをつける作業である。

目標1つ1つに対する資源の配分計画も、ときと場合によっては必要だが、それよりも、戦略目標と日銭目標との資源配分のバランスに注目することが大切だ。

一般的に、企業活動の大部分のエネルギーは日銭業務に費やされ、残されたほんの僅かな経営資源で戦略業務を遂行する。それはそれでやむを得ぬことではあるが、それさえも日銭業務に投入してしまい、戦略業務が断絶する。よくある話である。

なぜ、そうなってしまうのだろうか。

年度目標は決算と直結しているために、リーダーも含め、みんなが無意識のうちに、利益と売上という日銭目標の達成を優先させるからである。

その結果、職場は日銭目標一色に染まり、極端な場合には、「戦略の重要性はわかっているが、もっと大事なことがある。きょうの飯の種を稼がずに、何が戦略だ」という戦略の存在そのものを軽視するような雰囲気が、職場全体を支配する。

これを防ぐために、多くの企業では、戦略目標と日銭目標との2本立ての目標設定シートで対応しようとしているが、あまりうまく機能していないのではなかろうか。

確かにみんな、期初の目標設定シートには、戦略目標の詳細を克明に記入する。しかし、期末に振り返ると、やれたのは3割くらいで、残りは未実施という文字が躍っている。目標設定の仕組みが機能不全に陥っている状態である。

まず、「戦略目標」に資源配分を

そうなってしまうのも致し方ない現実がある。

ただでさえ日銭目標の達成に関心が向きがちな現場の人たちに、追い打ちをかけるように日銭業務が次から次へと押し寄せる。上位者からは緊急の資料づくりが要請されるし、突発的な客先クレームも稀ではない。それらを無事処理すれば、「ひと仕事成し終えた」という満足感が味わえる。その満足感も手伝って、悪気なく、戦略業務の遂行が後手に回ってしまうのだ。

その状態は以下のような図式で表現できる。

全経営資源 － **日銭業務** ＝ **戦略業務**

根底には、まず日銭業務を優先させ、「残った経営資源で戦略業務を……」という考え方が存在する。

このような発想で仕事を進めると、間違いなく、ほとんどの経営資源が日銭業務に吸い取られ、気がついたら戦略業務に使うべき資源が限りなくゼロになる。

では、どうするか。

左図のように、日銭業務と戦略業務との組み替えを行うことである。

全経営資源 － **戦略業務** ＝ **日銭業務**

これは、戦略目標の達成に資源配分の優先順位を与え、残った資源で日銭目標を達成しようとする発想である。この発想を用いれば、能力開発のために一定の日数をあらかじめ割くとか、新しい仕事の仕組みづくりの試行錯誤にまとまった人員を優先的に投入するなど、従来とは違った仕事のやり方が可能になる。

それを実践すれば、日銭業務に費やす経営資源は減少し、日銭業務のあり方は必然的に変革せざるを得なくなる。

残った資源で、日銭目標の達成努力を！

普通の人間は、恵まれた環境にいるときよりも、何かが多少不足している環境の方が知恵を出しやすいと言われている。

旅行に行くときにも、限られた予算の中で、運賃が安くなる方法はないのか、特典のあるホテルはどこなのかなど、あれこれ工夫を凝らすはずである。旅費という資源不足を知恵でカバーしようとする行動であり、もし、たっぷりお金があれば、こんなことは考えない。

仕事も同様で、経営資源にゆとりがある状況では、なかなか仕事の見直しは進まない。

ルーチンワークに従事している人たちの、「毎年、代わり映えのしない目標しか立てられない」というボヤキとも諦めともつかぬ言葉をときどき耳にする。おそらく、彼らの職場のほとんどは資源不足とは無縁であろう。恵まれた環境ゆえに、彼らは従来と同じ方法で定常業務を淡々とこなしている。

このマンネリを打破するには、新たな仕事条件の設定が必要だ。

「今まで100億円の売上を100人で作ってきたが、今年は90人で100億円以上の業績を達成する」というように、チャレンジングな仕事条件を設定する。そうすれば、陳腐化した万年床のような目標での仕事は不可能になり、必然的に働く人々は仕事の改善・改良目標を立案する。

このような日銭目標の質的向上は、経営資源の戦略業務への優先配分が日銭業務に与える波及効果である。

第2章のまとめ

❶チャレンジ目標とは「ギリギリ背伸びした目標」である。

❷チャレンジ目標を決めるための5つのステップは、オープン展開（みんなでワイワイガヤガヤ）で行うとよい。

5つのステップ

- ［ステップ①］会社や部門の中期経営計画（中長期のビジョンと戦略）の理解
- ［ステップ②］職場や個人の中長期的な役割（ミッション）の明確化
- ［ステップ③］部門の今期計画の理解
- ［ステップ④］今期の職場の貢献領域一覧表の作成
- ［ステップ⑤］職場の今期目標と個人の今期目標（チャレンジ目標）の決定

❸職場・個人ミッションとは、職場や個人が担う中長期的な役割と責任である（ステップ①②）。

- ミッションをはっきりさせることで、仕事に対する責任感や情熱が高まる。

❹職場の貢献領域一覧表作りは、年度レベルですべきことを総ざらいする作業であ

る（ステップ③④）。

・これを全部やることが、職場の今期の役割責任だとみんなで確認し合う。

❺職場の貢献領域一覧表の中から主要業務を選び出し、職場目標と個人目標を作る（ステップ⑤）。

・「何を、どれくらい、いつまでに、どのように」を決める。

❻「どれくらい、いつまでに」は、ギリギリ背伸びしたものを設定すること。

・ギリギリの背伸びが、業績向上と人々の能力開発を促進する。

❼達成手段の情報源は社内外の成功・失敗事例に求めるとよい。

❽目標の達成基準は、進捗管理や評価に耐え得るように設定する。

・定量目標は必ず数値化を、定性目標は具体化するのが原則である。

❾戦略目標と日銭目標との資源配分（人や時間の配分）のバランスに気をつける。

・鉄則は、戦略目標への資源の優先配分である。

⑩このような目標連鎖のステップをみんなでワイワイガヤガヤ進めることで、リーダーもメンバーも職場目標と個人目標に対する納得感を深め、「やらねばならぬ！」という責任感も醸成される。それがチャレンジ目標のPlanである。

第3章

部下の意欲的かつ自律的な目標達成に向けてリーダーがすべきこと

✓ Ｄｏとは達成手段をやり切ること！

リーダーとメンバーは、職場目標や個人のチャレンジ目標と、その達成手段を検討した。検討過程では頭が痛くなるような場面もあったが、考える面白さも味わえただろう。みんなでワイワイと揉み合って、最後は自分の意思を込めてチャレンジ目標と達成手段を決定したのだ。

そういう目標だから、ある程度の納得感は持っている。「達成したい！」、あるいは「達成せねばならぬ！」という意欲や責任感の高まりも感じている。しかし、一抹の不安が残る。

目標は立案したが、あくまでも机上のプランであり、うまくやり切れるかどうか、絶対的な自信はない。また、達成手段によっては、仕事を進めながら具体化したり、追加したりしなければならないものがあり、それができなければ期末には未達成が待っている。

そんな不安とヤル気とが入り混じった状態で、チャレンジ目標のＤｏはスタートする。

チャレンジ目標のＤｏとは、チャレンジ目標の達成手段をやり切ることである。やり切るための原動力は、リーダーとメンバーの意欲的、かつ自律的な仕事ぶりにある。それが一般的に言われている「ヤル気」である。

この章では、達成手段をやり切るためにリーダーがなすべきことや、ヤル気の喚起方法を解説する。

✓ 年度レベルの目標達成手段を細分化する

達成手段をやり切るためには、年度レベルの目標とその達成手段を細分化、もしくは具体化し、「より短期の目標と達成手段」に置き換えて、その「Ｐｌａｎ→Ｄｏ→Ｓｅｅ」を推進する。それを「小さなＰＤＳ（Ｐｌａｎ→Ｄｏ→Ｓｅｅ）」と呼ぶ（１０４ページ）。

短期とは丁度よい〝仕事の区切り〟を意味しており、目標や手段の種類によってフレキシブルに設定するとよい。

さまざまなケースが考えられるが、いちばん極端な場合は「日々目標」の設定である。「感謝の気持ちを込めた〝笑顔〟と〝ありがとうございます〟の言葉で接客する」という類いの目標は、毎日のふりかえりが大切であり、１日ごとのＰＤＳが経験的にはベストである。

しかし、多くの目標は、仕事や人間生活のリズム感からして、１ヶ月単位、あるいは１週間単位のサイクル展開が望ましい。

✓ 小さなPDSを回そう！

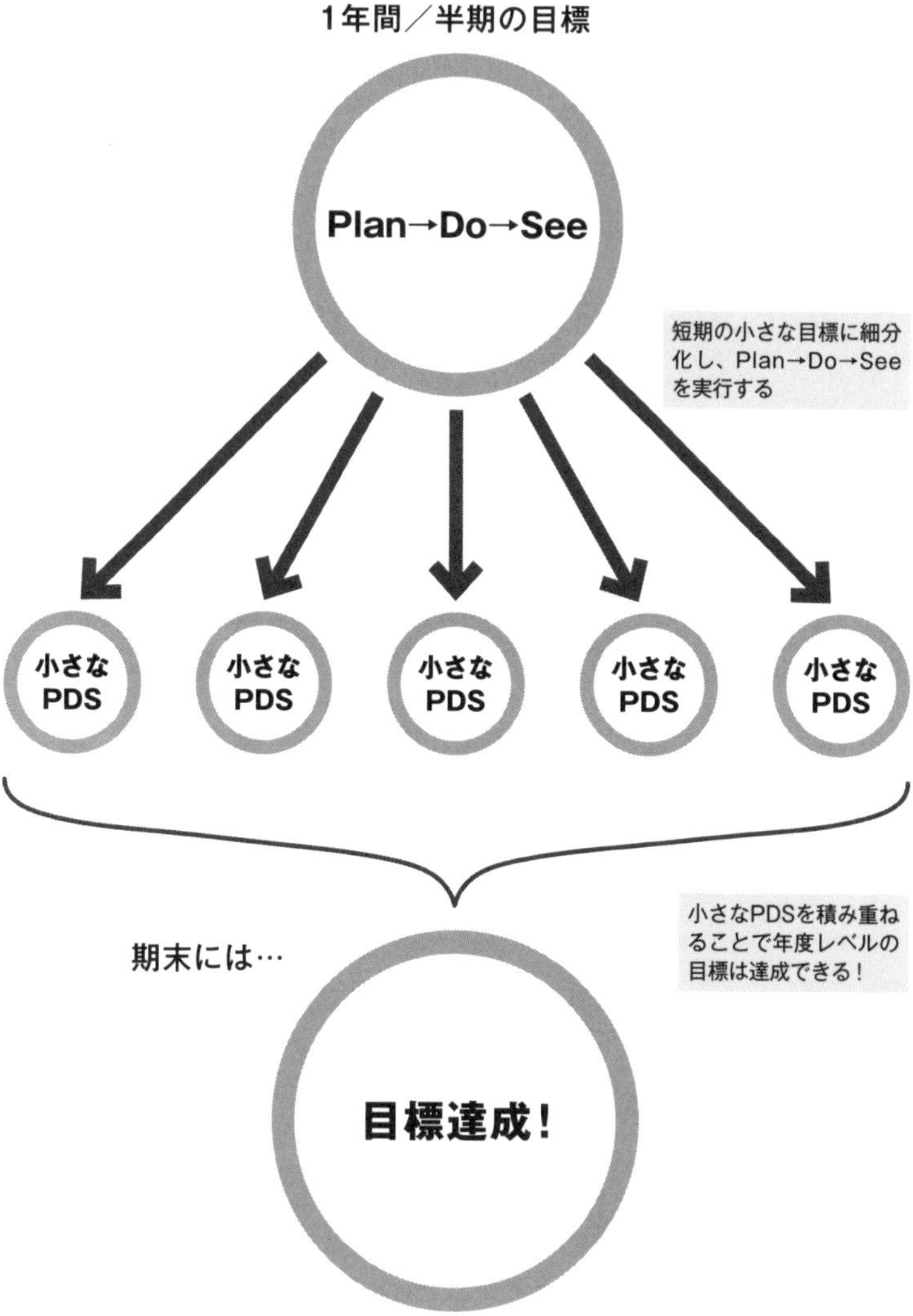
1年間／半期の目標
Plan→Do→See
短期の小さな目標に細分化し、Plan→Do→Seeを実行する
小さなPDS
小さなPDS
小さなPDS
小さなPDS
小さなPDS
期末には…
小さなPDSを積み重ねることで年度レベルの目標は達成できる！
目標達成！

✓ 小さなＰＤＳをきちんと回す

「小さなＰＤＳ」をきちんと回せば、回すつど、何らかの経験的ノウハウが蓄積される。それを用いて次なる小さなＰｌａｎを立案し、Ｄｏ→Ｓｅｅへとつないでいく。それが確実な目標達成に向けた仕事の進め方の定石である。１回ごとの小さなＰＤＳをきちんと回し切ること。その習慣化がチャレンジ目標の達成を促進するのである。

✓ 自分で決めた目標だが……

小さなＰＤＳをきちんと回し切れるかどうか。

それがＤｏにおける最大の押さえどころであるが、それを可能にするのはメンバーのヤル気である。

ヤル気は意欲と責任感との集合体と考える。

意欲は「目標に対する興味や関心（目標の魅力）と納得感」、「仕事の面白さや自己成長の手応え」、あるいは「報酬の魅力」などがもたらす目標達成への思いであり、責任感は「自分に課せられた役割をまっとうしようとする決意」である。

メンバーは、年度目標の設定段階で納得感と責任感を醸成し、ある程度のヤル気を持ってDoの場面に臨んでいる。それは確かであるが、それだけで、メンバーが自走するとは限らない。チャレンジ目標そのものにエクスタシーを感じるような達成動機の高い人は別として、多くの人たちは達成活動の苦しさや辛さゆえに、活動途中で失速しがちである。

たとえば、「新規顧客の獲得に向け、1日10件以上、見込み客を訪問する」という目標達成手段を立案した。この種の手段は、アタリマエの実践であり、いかに飽きず、休まず、やり切るか、その工夫と努力に実践の成否がかかっている。

ところが、アタリマエを当たり前にやり切ることほど難しいものはない。見込み客にいくら電話をしても、アポが取れずに苦悩する。懇切丁寧な商品説明をしたにもかかわらず、お客様から袖にされ、思わず不快な顔をする。その態度にクレームが付き、こっぴどく叱られる。ガックリ肩を落として会社に戻る。

そんな出来事が3日も続けば、せっかく盛り上げたヤル気も、シャボン玉がはじけるように一挙にしぼんでしまう。それが、普通の人間が抱えている弱さではないか。

そんなとき、「お前が決めた目標だから、やり切れよ!」と叱責しても始まらない。

リーダーがやるべきことは、メンバーのヤル気の喚起策である。それを「動機づけ」と呼ぶ。

✓ 2つの動機づけ方法

人間の心に存在する「欲求や価値観」などの動機に、何らかの方法で刺激を与えて、目標達成意欲と責任感を高めること。

これが本書の動機づけの定義である。平たく言えば、「〝何かが欲しい〟という気持ち」や「〝ありたい〟、〝こうあるべきだ〟という思い」を刺激すること。それが動機づけである。

動機づけには、「外発的動機づけ」と「内発的動機づけ」との2つがある。

外発的動機づけとは、他者から与えられるアメとムチによるヤル気であり、主導権は多分に他者が握っている。

それに対して、内発的動機づけは自分で自分のヤル気を喚起する世界であり、自らが積極的に取りに行かない限り、入手が困難なヤル気である。

リーダーはこの2つの動機づけを念頭に置き、自分の権限で実行できる動機づけ策を実践するが、まず着手すべきは外発的動機づけである。一部の鉄人は別として、普通の人間は、まず外発的動機づけでヤル気を出し、そのヤル気を使って内発的動機づけに火をつけるからである。

以下に、代表的な3つの外発的動機づけを説明するが、「②関心と愛情を注ぐ」と、「③承認欲求を満たす」はリーダーの権限でできるものであり、ぜひとも実践してほしい動機づけ策である。

〈代表的な3つの外発的動機づけ〉

①金銭的報酬

外発的動機づけの代表例は金銭的報酬によるヤル気である。

働く人々は、お金のために汗水流して仕事をする。生活のためにはお金が必要であり、お金があれば精神的にも、かなりの部分が充足されることを知っているからである。

お金がなければ3度の食事に不自由する。隣の家に負けない立派なマイホームも、友達が羨むようなブランド品も、贅を尽くしたファッショナブルな装いも、みんなお金があってこそ。場合によっては、愛情や健康までもがお金次第で左右されてしまうという世の中だ。

そのような環境で、「たとえ貧しくとも、心は清く正しく美しく、堂々と胸を張って生きていきたい」と願ってみても、現実の生活はそれを許さない。世間並みの賃金が保証されなければ、後述する「愛情や承認の欲求」などがいくら満たされたとしても、ヤル気は弱いものにとどまってしまうだろう。何はさておき、企業は金銭的報酬というヤル気のもとを従業員に提供すること。それが責務である。

金銭的報酬は、贅沢な暮らしをしたいという経済的な欲望のみならず、優越感などの精神的欲望をも充足する手段であり、働く人々がおカネの獲得をヤル気の最優先事項に位置づけるのは至極当然な人間行為と考える。

リーダーは、間違っても、「いいか。仕事は金のためにするんじゃない。カネよりも大事なことがあるだろう!?」などと説教しないことが肝要である。

〈代表的な３つの外発的動機づけ〉

②関心と愛情を注ぐ

誰でもが、他者からの「関心と愛情」を欲しており、それなしに生きていくことは難しい。

たとえば、若者たちは、この欲求の充足を仲間同士に求めている。彼らは、スマホや携帯電話を使って長時間、取り留めのない会話を繰り返す。部外者から見ると、単なる戯れのように思えるが、当事者たちにとっては生きるための儀式である。１日数回の、「誰か私を愛して！」、「うん、わかった。愛してあげるよ！」というメッセージの交換が彼らの活力源になっている。

そうまでして愛情がほしいのかと、嫌みの1つも言いたくなるが、よく考えてみれば筆者も別の方法で誰かの愛を求めている。やはり人間は、他者の関心と愛情なしには生きていけない生き物なのである。心理学では、それを「ストロークの必要性」と説明する。

✓ 仲間との絆を深める肯定的ストローク

ストロークとは、ＴＡ（トランザクショナル・アナリシス／心の交換関係分析）の主要概念であり、「ある他の人の存在を認めるための行動や働きかけ」（『新しい自己への出発』岡野嘉宏、多田徹佑／(株)社会産業教育研究所／1977年）と定義する。

平たく言えば、ストロークは「関心と愛情の合図」であり、合図の仕方は「肯定的」と「否定的」との2つがある。

「笑顔で接する・励ます・ほめる・認める・他者の話に耳を傾ける」などが「肯定的ストローク」である。それをもらうと心の中にハッピー感が湧いてくる。

「ご苦労さん！」、「体の具合は大丈夫か？」。このリーダーの一言で、メンバーはどれだけ心が癒されて、明日への活力が生まれることか。職場における肯定的ストロークは、働く仲間に対する関心と愛情の合図であり、ヤル気の源泉として不可欠なものである。

✓ときには必要な否定的ストローク

ただし、「否定的ストローク」が必要なこともある。

たとえば、メンバーが手抜き仕事をしたり、同じ失敗を何回も繰り返すときなどは、リーダーは「叱る・注意する・止める」という否定的ストロークを発信しなければならない。

否定的ストロークは「人間関係が壊れるのでは？」という不安もあり、発信にはかなりのエネルギーが必要だ。もらった側は、瞬間的にはムカッとするだろう。

しかし、それでも、否定的ストロークの必要性を感じたならば、表現の仕方に十分な配慮をし、きちんと発信すること。そこに関心と愛情が込められていれば、たとえ否定的なストロークであったとしても、相手は嬉しく感じるものである。

肯定的と否定的のバランスは9対1程度で、肯定的ストロークを多めにする。否定的ストロークは真剣に打ち込めば、少ない量で効き目があり、肯定的ストロークはいくらもらっても、十分過ぎることはないからである。

✓ 否定的ストロークとディスカウントとの違い

否定的ストロークと紛らわしいのが「ディスカウント」である。

次ページの図表を見てほしい。

ディスカウントは、「あなたには関心もなければ、愛情もありません」という合図である。

朝のエレベーターで、メンバーが満面の笑顔で挨拶したのに、リーダーはブスッとして目も合わさない。典型的なディスカウントであり、相手に不幸を投げつけるような行為である。それをされたら、普通の人間は生きてはいけない。だから、ディスカウントはしないこと。それが人間関係の原則である。

しかし、1つ厄介なことがある。その行為がディスカウントかどうかは、相手が決めるということである。否定的ストロークは、発信側がストロークだと思って投げたとしても、相手がその奥底に関心と愛情を感じなければ、ディスカウントになってしまう。

そうなるかならないかは、日頃のストローク次第である。肯定的ストロークをたくさんもらっている相手から、ときたま否定的ストロークが投げられたとしても、それもまた「関心と愛情の1つの合図だ」と比較的素直に受け止められるものである。

✓ ストロークとディスカウントの違い

○ストローク

	肯定的	否定的
肉体的ストローク	・なでる ・さする ・握手をする	・叩く
心理的ストローク	・笑顔で接する ・ほめる ・励ます ・認める ・話を聞く	・叱る ・おこる ・止める

○ディスカウント

肉体的ディスカウント	・なぐる ・ける
心理的ディスカウント	・無視する ・仲間外れにする ・皮肉や嫌みを言う

※『新しい自己への出発』岡野嘉宏、多田徹佑著／（株）社会産業教育研究所／1977年を参考に作成。

〈代表的な3つの外発的動機づけ〉

③承認欲求を満たす

周囲の人たちとのストロークのキャッチボールにより、関心と愛情の欲求が満たされても、まだ不足が残る。

人間の心の中には、「他者から重要な〝価値ある人物〟として、一目おかれたい」、あるいは「認められることによって自分に自信をつけたい」という気持ちが存在し、その充足を待っている。それをA・H・マズローは「承認欲求」と命名した。

この欲求が充足されると、きわめて大きな、かつ深い喜びが湧いてきて、何とも言えぬ幸福感で心が満たされる。ヤル気もグーンと強くなる。承認欲求の充足は絶対に外せない〝働きがい〟であり、ヤル気のもとなのだ。

✓ 人間は虚栄心の塊である

『近代の労働観』（今村仁司／岩波新書／1998年）は、承認欲求を「虚栄心」という概念で捉えている。

同書はまず、「労働の喜びがあるかないかは、他人の視線の効果から生まれる」と説き起こし、「現実の労働はそのつどつねに承認願望に包まれている。この承認願望を情熱的に求めるがゆえに、労働者や職人は、苛酷な労働にも〝耐えること〟ができる。忍耐と喜びの関係は、承認願望によって結合される」と、ヤル気の源泉としての承認願望の重要性を訴える。

そして、「だれでも自己敬意（セルフレスペクト）をもっている。それは自分で自分をいわば高く評価することであり（自己承認）、そうであるゆえに人間は生きている感じをもつことができる。これが生きがいの源泉であろう」、と承認願望と自尊心の関係、および自尊心と生きがいとの関係を説明する。

さらに、その「自尊心なるもの」の正体を炙り出し、「他人から〝自分は偉いのだ〟と認めてもらいたいという欲望は、自己尊厳、威信、自尊心などの言葉で語られてきたが、その実質的な内容は虚栄心にほかならない」と結論する。

同書はさらには、パスカルの言葉を援用しながら、「およそ虚栄心とはほど遠いパスカルですら虚栄心と言う欲望から開放されていないという指摘は、社会の中で生きる人間の一種の宿命的原事実を否定しようもなく露わにすることである。〝いっしょにいる人たちから尊敬されたいという願い〟、そこから人間の一切の派生的欲望が生まれてくる」、とも言い切っている。

✓ 人間の本性

同様に、アーサー・ラヴジョイの研究（『人間本性考』／名古屋大学出版会／1998年）も、承認欲求充足の重要性を説いている。

その研究によれば、「他人からよい評判をもらうことによる快感」、あるいは「他人との関係において自分自身が快楽を感じること」、それこそが人間の本性であり、動機づけの源泉であるという。

それを「快楽的感受性」と呼び、以下の3項目の存在を指摘している。

①他者から注目され、称讃され、認められたいという〝承認願望〟
②自分自身を高く評価したいという〝自己称讃〟
③他の人々よりも秀でたいという〝競争心〟

これらが満たされたとき、人間は「えもいわれぬ快楽」を実感する。その快楽を求めて、人類は永遠に努力し続けているのであり、ゆえに快楽的感受性は人間の本性に近いものなのである、とラヴジョイは説く。

✓ 承認の仕組みを作ろう

これら2冊の本やマズローの主張から共通して読み取れるのは、承認欲求の充足が人間のハッピーやヤル気を左右するきわめて重要な要因だということである。

そうならば、マネジメントに際しても、承認欲求の存在と重要性を直視して、他者から与えられる精神的報酬の増強に向けた積極的な努力が必要になるだろう。

組織全体としては、「昇進・昇格」、「プロジェクト・リーダーなどへの抜擢」、「表彰制度」などの公式な承認の仕組みを作ることである。

また、リーダーはメンバーに対して、自分の権限で実行できる承認欲求の充足策を考えて実践する。たとえば職場内の表彰制度である。表彰テーマを決めて、月に1回、みんなで投票する。最高点を獲得した人には、リーダーの心のこもった文面の表彰状を用意して、月次ミーティングの席上で表彰する。

あるいは、重要案件の受注に成功した営業マンに、同僚が握手を求めて祝福する。成功事例発表会などを通して、成功者の喜びをみんなで分かち合う。そのような「承認のキャッチボール」

の習慣を積極的に仕掛ければ、多くのメンバーの承認欲求が満たされて、ヤル気も湧いてくる。またそれは、適度な競争心をも刺激する。

メンバーの承認欲求の充足は、リーダーがやるべき重要な動機づけの行為である。

✓ 内発的動機づけはなぜ必要か

これまで紹介した代表的な3つの外発的動機づけにより、メンバーのヤル気はある程度高まるだろう。しかし、これらは他者から与えられたヤル気であり、他者からの働きかけがなくなれば、たちまち消滅してしまう。また、与えられることに免疫ができてしまい、さらに刺激的なものが得られない限り、ヤル気にならないということも起きてくる。

これが外発的動機づけの限界であり、より強いヤル気の喚起と持続にはどうしても、内発的動機づけが必要になる。

✓ 自分で自分のヤル気を刺激する

内発的動機づけは、心の底から湧き出るような喜びや、「石にかじりついてでも……」という執念を伴ったヤル気である。

「それは面白そうなテーマだ！」という興味・関心。

「なるほど。よ～く、わかった！」という納得感。

「そういうことならば、やらねばならぬ！」という責任感。

「これだ！」という発見や「やった！」という達成の喜びなどの仕事の面白さの実感。

「自信ができた。自分は仕事ができる人間だ」という自己成長の手応え。

「自分は相当の可能性を秘めた存在だ」という自分の潜在的可能性の確信。

こうした気持ちを持つことにより、目標達成への思いを強めること。それが内発的動機づけの世界である。

✓ リーダーは根気強く支援する

このように、内発的動機づけは、自らが積極的に取りに行かない限り、入手できないヤル気であり、動機づけの主導権は当事者が握っている。リーダーにできることは支援である。

リーダーは、目標設定ミーティングなどの場を設けたり、目標達成手段をメンバーと一緒になって考える。あるいは、同行営業やロールプレイングなど部下の育成にも時間を割くことが必要だ。

しかし、リーダーが必死になって支援をしても、それに比例するように、メンバーの内発的動機づけが喚起されるとは限らない。場合によっては、何の反応もないこともあるだろう。

それを承知で、「いつか、必ず反応する」と自分に言い聞かせ、細くとも、息長く、支援するのがポイントである。

とくに、Doの場面では、メンバーが仕事の面白さを実感できるように支援する。また、責任感と納得感は、そのかなりの部分がチャレンジ目標づくりの段階で醸成されるものではあるが、Doの場面でも引き続きの支援が必要である。

✓ セルフ・コントロール

働く人々のヤル気の喚起や持続には、外発と内発の両方の動機づけが必要だが、MBO-Sではとくに内発的動機づけを重視する。内発的動機づけがセルフ・コントロールのもとになっているからだ。

ＭＢＯ-Ｓのキーワードは「チャレンジ目標」と「セルフ・コントロール」であり、チャレンジ目標については第2章で解説した。では、残るセルフコントロールとは、いったい何なのか。

本書では、セルフ・コントロールとは「内発的動機づけをエネルギー源とする意欲的、かつ自律的な行動」と定義する。

もちろん、意欲や自律には、外発的動機づけも影響を及ぼすであろう。だから、他者の称賛や励まし、あるいは叱責なども無視できない。しかし、圧倒的な面積を占めるのは内発的動機づけである。

内発的動機づけの面積拡大の努力と工夫をやり続けること。それがセルフ・コントロールの開発であり、チャレンジ目標のＰｌａｎ→Ｄｏ→Ｓｅｅのいずれの場面においても必要なことである。とりわけ、目標達成手段をやり切ることが命のＤｏの場面では、メンバーのセルフ・コントロールが必須である。

✓ 仕事は面白くなければならない

ギリギリ背伸びした目標の達成に向け、深く考えて知恵を出し、相当の苦しさや辛さはあるが、歯を食いしばって実践する。そのような仕事をしてほしいと会社は本気で求めているし、従業員も頭ではそうしなければと思っている。それは責任感の発露であり、昨今の競争環境を考慮に入れれば、好ましい状態には違いない。

しかし、責任感だけに支えられた仕事では、仕事は苦役となり、とてもじゃないが普通の人間は潰れてしまう。苦しさを薄めるような何かが、「仕事そのもの」の中に必要である。

その1つが、仕事の面白さの実感という内発的動機づけである。

「仕事は重く苦しいが、同時に面白さも味わえる」。そういう状態を創り出すことが大切であり、それがなければ、たとえ責任感が旺盛でも、あるいは高額報酬をもらっても、はたまた承認欲求が充足されようとも、働く人々のハッピー感は半減してしまう。

では、仕事の面白さとは、具体的に何なのであろうか。

✓ 考えるという面白さ

普通のビジネスマンが早朝からいそいそとゴルフに出かけるのは、ゴルフが面白いからだろう。ネット・ゲームに熱中している子供たちに、なぜ夢中になるのかと問えば「面白いから」という答えが返ってくる。

両者に共通する面白さは、頭を使って作戦を練りあげる楽しさと、作戦を実行した結果得られる成功の手応えである。それはまた、苦しみながらも知恵を絞るのを楽しむことであり、知恵が生み出す成果に自ら感動することでもある。

仕事も同様で、考えて考えた末に、「あっ、そうだ！」という気づきや発見に巡り合ったり、考え抜いた内容を実践して、「やったぁ！」という達成感を味わうことは、仕事の面白さの代表例だ。

✓ 仕事への没入がもたらす「フロー体験」

学者たちの研究によれば、「フロー体験」という究極の〝仕事の面白さ〟があるという。

それは、物事に熱中したときに得られる「深く、大きな喜び」である。時間を忘れて無我夢中で仕事に没頭するプロセスで、ウキウキワクワクするような精神的高揚感やえも言われぬ快感、あるいは「幸せだなぁー」という幸福感に遭遇する。それが、フロー体験である。

『マネジメント革命』（天外伺朗／講談社／2006年）は、「ミハイ・チクセントミハイのフロー体験」の理論を援用しながら、仕事の面白さに動機づけられて、さらに深く仕事を探求することの必要性を説いている。「創業時のソニーは火のように燃えていた」という著者自身が体験したフロー体験を織り交ぜながらの記述であり、臨場感を持って読める。

最近では、『モチベーション3・0　持続する「やる気！」をいかに引き出すか』（ダニエル・ピンク／講談社／2010年）も、まったく同様の主張を展開している。同書は、まず、金銭的報酬中心の動機づけ策を「バージョン2・0」と位置づけて、その機能不全のあり様を指摘する。そのうえで、「3・0へのバージョンアップ」を提唱する。仕事の面白さの実感など、内発的動機づけを中心としたマネジメント体制への切り替えである。

✓ 理性や論理では説明しにくい世界

「フロー」という言葉には、「流れに乗る」という意味がある。

フロー体験は、チャレンジングな目標の達成プロセスで起きる「一瞬の体験」である。時間がたてば喜びは薄れ、モチベーションは元の状態に戻ってしまう。理想的には、こうした一瞬の体験を数多く、連続的に持つことだ。つまり、フローの持続が必要なのである。

フローが持続された状態で仕事に取り組むと、偶然が偶然を呼ぶような思わぬ発見やひらめきが次々と現れて、成功の道筋が見えてくるという。それは、「成功の流れに乗って仕事をする」という状況の出現である。スポーツ選手が「ゾーンに入った」と言うのはおそらくフロー体験を指しているのであろう、と『モチベーション3・0』（前掲書）は指摘する。

このようなフロー体験は、理性や論理では説明しにくい世界である。

そのために、フローの存在そのものを疑う人がいるかもしれない。あるいは、スポーツの世界の出来事で、ビジネスに適用するには無理がある、と考える人もいるだろう。しかし、筆者の見るところ、一般の仕事現場でもフロー体験に近い状態は間違いなく起きている。

たとえば、営業マンが新製品の販売に「はまっている」とか、製造現場の人たちが不良率削減の「虜になった」という話を筆者はよく耳にする。実際に会ってみると、見るからに生き生きしていて楽しそうである。彼らはどんな仕事でも、徹底的に取り組めば、フロー状態は必ず訪れると信じているようだ。一度でもフロー状態を経験すれば、フローがもたらす楽しさや面白さを求めて、次なるフローを取りに行くのだろう。そんな予感がする人たちである。

✓リーダーによる「ひと引っ張り」

では、どうすれば、「はまった」とか、「虜になった」というフローを体験できるのだろうか。

自力でフローに突入するのが理想の姿であるが、よほど達成動機の高い人でない限り、一人で実現するのは難しい。普通の人は他者の協力が必要だ。だから第2章では上位計画の理解や職場ミッションづくり、職場目標や個人目標づくりをみんなでワイワイと取り組むことを提案した。

ところが、そうやって決めた目標や達成手段でも、実行段階では必ず何らかの壁にぶち当たる。一所懸命に接しても顧客は反応せず、何をやったらよいのか思考も鈍り、モチベーションは低下の一途を辿る。ついにはギリギリ背伸びした目標の達成という修羅場に入るのが怖くなり、他のメンバーが頑張っているのを傍観者のように眺めてしまう。

仕事の面白さは、仕事にのめり込む以外には実感できない。そう頭では十分過ぎるほどわかっているのに、いっこうにヤル気が出てこない。そのくせ、一丁前の理屈を述べてはリーダーや同僚を煙に巻く。何とも嫌みな存在である。

これは筆者が売れない営業マンだったときの状態だが、チャレンジ目標のDoのプロセスではそういうメンバーが出てくる可能性がきわめて高い。

そのときにリーダーはそんなメンバーにどう接するか。「修羅場へのひと引っ張り」が必要である。

「悩む前に行動しよう！」
「行動しながら考えて、行動を修正する。そういう仕事のやり方に切り替えろ」
「逃げてはダメだ。オレがサポートするから一緒に修羅場に入ろう。そうすれば、仕事の面白さがついてくる」

そう励ましながら、リーダーはメンバーを修羅場の中に、ぐいっと一歩引っ張り込む。それはメンバーを仕事の面白さへと誘う導火線である。

ノルマ管理との違い

研修などで、「ひと引っ張り」の話をすると、決まって「それではノルマ管理と一緒じゃないか？」という疑問とも非難とも取れるような質問が飛んでくる。

確かにそうだ。リーダーが「ともにハッピー」と「Y理論」のスタンスを身につけていなければ、ノルマ管理になってしまう。

次ページの図表を見てほしい。

本来のMBO-Sは、右上のIの状態であり、会社と働く人々が「ともにハッピー」という状態を目指すものである。

MBO-Sは、ときには生じるであろう激しい葛藤をも克服し、何とかして、「業績向上（会社のハッピー）」と「働きがい（働く人々のハッピー）」の同時実現を図りたい、そういう思いに支えられたマネジメント法である。ともにハッピーの実現努力を怠れば、「MBO-Sもどき」になってしまうのだ。

いちばん多く見られる「もどき」は左上Ⅲのノルマ管理であり、会社のハッピーに費やす執念や意欲の高さに比べて、働く人々のハッピーへの関心が極端に希薄なのが特徴である。

ノルマ管理の会社では、ひたすら「会社のために」が強調され、働く人々は滅私奉公を強いられる。本来、会社と働く人々の「ともにハッピー」のためにあるチャレンジ目標も、会社のための目標になっている。こうした会社を一概に悪と決めつけるわけにはいかないが、ノルマ管理は明らかに、ハッピーのバランスが崩れたマネジメントである。

✓ 本当のMBO-Sともどきの違い

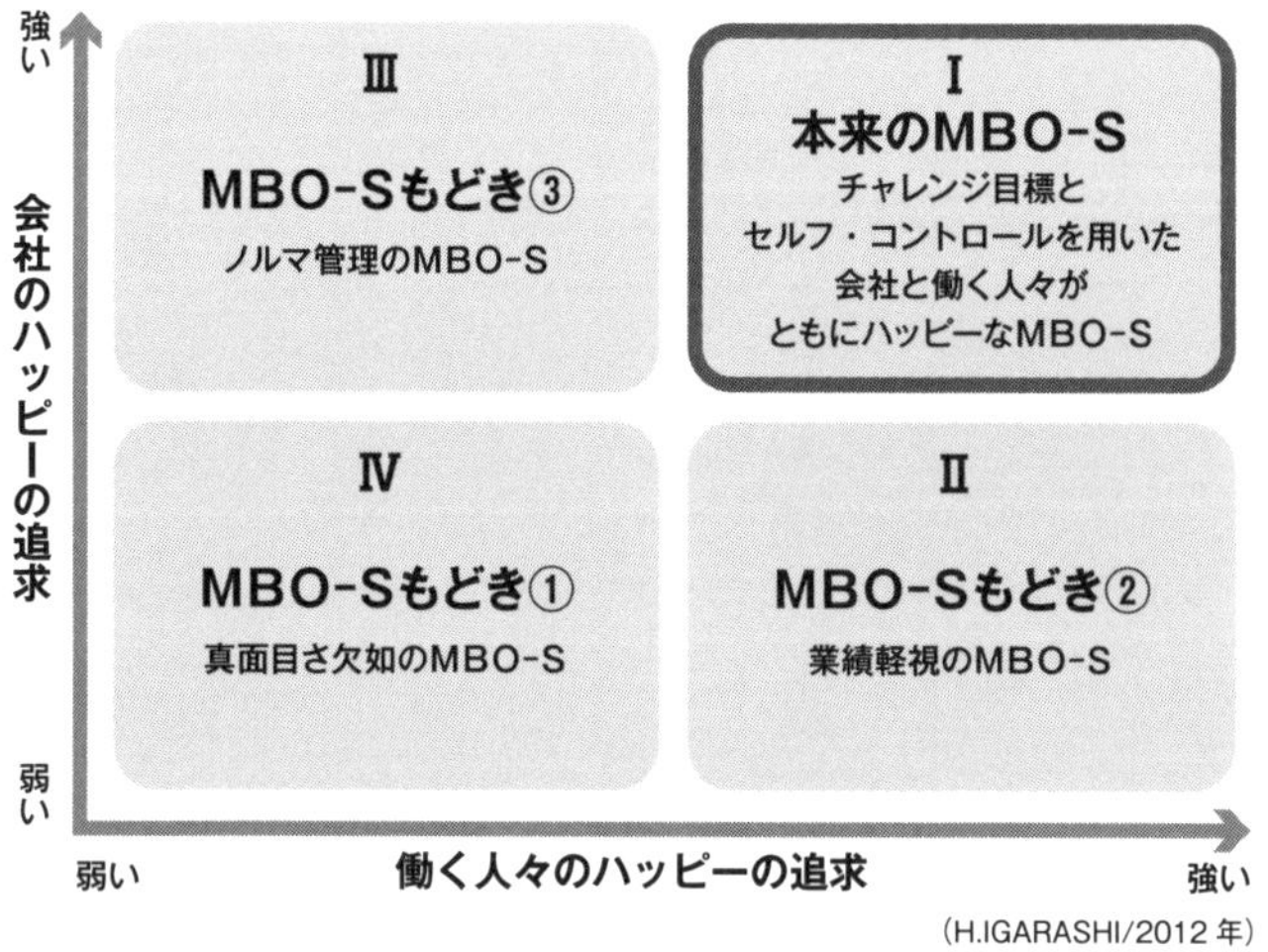

(H.IGARASHI/2012 年)

✓ 会社と働く人々の「ともにハッピー」を追求する

なぜ、ノルマ管理が起きるのか。本質的な理由が2つある。

1つは、経営陣やリーダーの持つ、「働く人々は業績向上の手段である」という割り切った考え方であり、かなりの歪みを持った思想である。

確かに、人間は経営資源の1つであり、業績を上げるための手段には違いない。しかし、人間は「掛け替えのない存在」であり、モノ・カネと同列に論じることのできない別格資源である。そう人間を位置づけて、会社と働く人々の「ともにハッピー」を追求する。それが会社と働く人々の望ましい関係であると、筆者は考える。

現に、そのような関係づくりに向けて、ひたむきな努力をしている会社がある。たとえば、キリンビール（株）である。

同社は、会社と社員との望ましい関係を「イコール・パートナー／仕事を介した対等な関係」と定義して、お互いが果たすべき役割を約束事として交わしている。会社は「〝自律した個〟を尊重し、支援すること」を社員に約束し、社員は「〝自律した個〟であること」を会社に約束する。

そういう構図の中で、MBO-Sを展開し、人事諸施策の運用を行っている。

筆者の見るところ、人によって濃淡はあるものの、「イコール・パートナー」はかなりのインパクトを持って浸透しているように思われる。

✓ 葛藤なしに修羅場行きを命ずるな

人間を別格資源と位置づけて、「ともにハッピー」を追求するというスタンス固めがないままに、リーダーが修羅場へのひと引っ張りを行えば、それはノルマ管理になってしまう。

リーダーは、心を鬼にすることなく、当然のごとく、いとも簡単にメンバーの修羅場行きを命令する。そこには「葛藤」が存在しない。果たしてそれで、メンバーは幸せなのだろうか。

やはり、会社やリーダーには、「何とかして、メンバーにもハッピーになってほしい」という思い入れが必要だ。それがなければ、修羅場は単なる辛く苦しい場だけに終わってしまい、メンバーの前向きな仕事への取り組みを引き出せない。

メンバー自身の、「苦しいけれども頑張って、会社に貢献し、そのプロセスで自分も成長する」という決意と、リーダーのメンバーへの思い入れ。その両方があって初めて、修羅場の乗り切りが可能になるのである。

こうした努力をするかしないのか、それがノルマ管理とMBO-Sとの本質的な違いの1つである。

✓ ノルマ管理につながる歪んだ人間観

MBO-Sがノルマ管理化する本質的な理由の2つ目は、リーダーの人間観である。ノルマ管理を志向するリーダーたちは、以下のような人間観を持っているのではなかろうか。

大多数の人間は、本性的に、労働意欲に欠けている。成果を上げるための能力もかなりの程度劣っている。成果に対する責任感に至っては、皆無に等しい状態で、放っておけば、確実に怠けてしまう。そのような悪しき特性の人間を、仕事に駆り立てるためにどうするか。命令とアメとムチを使うに限る。それがいちばんの方法だ。

これは、ダグラス・マグレガーによって問題提起された「X理論」（『新版・企業の人間的側面』／産業能率大学出版部／１９６６年）の世界である。

全否定はできないが、何か人間を小馬鹿にしたような響きが感じられ、不快の念さえ湧いてくる。X理論の信奉者には反発すら感じてしまう。

✓ X理論の問題点

X理論を信奉するリーダーは、メンバーの持つ潜在的可能性が信用できず、メンバーの「成長したい！」という気持ちも軽視しがちである。

仕事に必要な意欲・能力・責任感は、オレをはじめとする一部のエリートだけのものであり、一般庶民には無縁である。そういう目で、メンバーを見てしまう。

だから、心を鬼にしてまでも、メンバーを修羅場に引き入れて苦楽を共にしようとは思わない。「何とか育ててやろう」という情熱も希薄である。それなのに、目標達成意欲は旺盛で、「心を鬼にせず」に平然と、メンバーを修羅場に閉じ込めて、あたかも消耗品のごとく酷使する。疑う余地のないノルマ管理の世界であり、メンバーは不幸である。

生涯発達心理学の研究からも明らかなように、人間は成長の可能性を秘めた存在であり、生まれてから死ぬまで、何らかの成長を望んでいる。その本能的な欲求を軽視して、薄っぺらな期待感しか示してくれないリーダーに、命を預ける人は皆無であろう。メンバーの心はリーダーから離れていき、焦ったリーダーは、ますます修羅場への閉じ込め機能を強めてしまう。それもこれも、リーダーのX理論の信奉が引き起こす結果なのである。

リーダーも人間であり、他者に対する優越感を欲している。禁欲しろとは言わないが、他者に対する優越感とメンバーの持つ潜在的可能性の否定とを混同しないこと。リーダーには、「Y理論の人間観」（前掲書／D・マグレガー）が必要である。

✓ Y理論の人間観

松下幸之助は、Y理論の世界を「人間の本質は、磨けば輝くダイヤモンドの原石」（『人生心得帖』／松下幸之助／PHP研究所／1984年）と表現した。実にうまい、Y理論の言い換えだと思う。

普通の人間は意欲・能力・責任感を潜在的に持ってはいるが、発揮度にバラツキがある。そう人間を肯定的に捉えて、潜在能力の顕在化に向けた努力をするのがY理論の世界である。

そのY理論のスタンスで、リーダーはメンバーを修羅場に向けてひと引っ張りする。修羅場に入るのは、さぞ辛らかろう。過去のオレもそうだった。しかし、チャレンジ目標の達成は避けて通れないみんなの責務である。そう腹をくくって飛び込めば、必ず仕事の面白さが味わえる。それが自己成長の肥やしにもなる。一緒に修羅場を乗り切ってオレ自身も成長したいと思っている。

そういう思いをメンバーに、目と心で、優しく熱く伝えていく。それがY理論のリーダーの行動であり、MBO-Sとノルマ管理との分岐点である。

✓ MBO-Sとノルマ管理の違いは紙一重

Y理論のスタンスも、ともにハッピーの気持ちも、いずれも目に見えないところに存在するMBO-Sとノルマ管理との違いであり、表面的に眺めたのでは両者の識別は難しい。

たとえ、外的動機づけに積極的であっても、リーダーがX理論の信奉者であったり、人間は別格資源という認識が薄かったりすれば、それはノルマ管理と言わざるを得ないマネジメントである。

逆に、リーダーが心を鬼にして、「今が勝負のしどころだ。だから、怠け心は許さない」と修羅場へのひと引っ張りを仕掛けても、根底に、Y理論と、ともにハッピーのスタンスを持つならば、それは「MBO-Sの愚直な実践」を意味しており、ノルマ管理とは区分すべきものである。

このように、MBO-Sは、会社とリーダーの心の持ち様で、本当のMBO-Sになったりノルマ管理になったりと変化する。両者の違いはその意味では「紙一重」。そう表現するのが妥当だろう。

✓ ３６５日、ありとあらゆる場面におけるコミュニケーション

修羅場へのひと引っ張りとは、実務的に、何をすることなのか。

それは、３６５日、ありとあらゆる場面において、以下の3種類のコミュニケーションを仕掛けることである。それも、メールやＦＡＸなどの間接コミュニケーションではなく、肉声と体温が触れ合う「フェイス　ツゥ　フェイス」の直接コミュニケーションを重視する。

①「問題創造・問題解決（何を目標にするのか、どう達成するのか）」のコミュニケーション
②「志（世の中になくてはならない会社になろう！）」のコミュニケーション
③「人間関係円滑化（一所懸命に伝える・聞くなど）」のコミュニケーション

✓ 立ち話的「報・連・相」

問題創造・問題解決のコミュニケーションとは、「小さなＰＤＳ」の内容をこまめに情報交換することだ。

毎朝のショートタイム・ミーティングや休憩室における真面目な雑談の場などを利用して、あるいは隣の席に椅子だけを移動して、２～３分程度の「報・連・相」を立ち話的に行うのがポイントである。思いのほか効果の高い方法であり、Ｄｏの場面におけるコミュニケーションはこれを中心に展開するとよい。

✓ 個人目標の進捗検討会

小さなＰＤＳは、日々の立ち話的「報・連・相」にプラスして、もう少しまとまった時間を使って実施することも必要だ。

月に１回は定例ミーティングの場を利用して、個人目標の進捗検討会をみんなで実施するとよい。以下の３つのアウトプットを目的に毎月、１～２人の発表当番を決め、その人の目標達成手段をみんなで検討する。

①発表者の目標達成手段の補強
②発表者の実践の決意の強化
③職場としての協働意識の醸成

1人当たりの持ち時間は1時間程度が目安であり、発表者は、約15分間、自分で考えた来月の達成手段を、思いを込めて他者に語ってみる。語れば、誰かが反応し、手段の補強に役立つようなアイデアがもらえるかもしれない。ときには、ピント外れな質問が飛んでくるかもしれないが、みんなでワイワイと発表者の達成手段の補強策を検討したり、お互いに協力できることを確認し合う。

そのプロセスで、発表者は実践の決意を強くするし、リーダーを含め他のメンバーも発表者の思いを共有でき、職場の一体感も醸成される。

検討会のテーマは「来月、何をするのか」がメインであるが、ときには「なぜ、その行動が今まで実践できなかったのか」という原因の掘り下げの議論も必要である。たとえば、以下のようなケースである。

製造現場で「全員が整理・整頓を実践する」という行動目標を設定した。整理とは「いらないものを捨てること」であり、整頓とは「決められた物を決められた場所に置き、いつでも取り出せる状態にしておくこと」だ。整理は比較的スムーズに受け入れられたが、整頓の習慣化は思いのほか難しく、いっこうに定着しない。その原因は何なのか。

今までは働く人々の意識の低さに原因を求め、いろいろな啓蒙活動を展開したが、なかなか思ったような効果が得られなかった。そこでみんなで再度、原因の見直し作業を実施して、「やらざるを得ない環境づくり」という対策を考えて、整理・整頓の自己チェック表を整備した。チェックしない限り1日の仕事が終わらない、という仕組みにしたのである。

✓ 志を語り合うコミュニケーション

365日のコミュニケーションの中心は小さなPDSがメインであるが、それだけやっていたのではモチベーションは高まらない。状況によっては気分が滅入ることもある。そこで、ときにはロマンや志を語り合うことも必要だ。たとえば「わが社の商品とは何だろう?」というテーマはどうだろうか。

筆者はよく、研修などで「あなたの会社の主力商品は何ですか?」と質問する。

「テレビだ、自動車部品だ、惣菜だ」という答えが返ってくる。それでいいのだろうかと思わず考え込んでしまうことも稀ではない。それらは一般名詞であり、その会社の付加価値を表現したものではないからである。たとえば化粧品会社であれば、わが社の商品は「化粧水や乳液です」ではなく、「美しさがもたらすハッピー感」となるのではないか。

長期的に業績を上げている会社や部門では、必ずこの種のコミュニケーションが何らかの形で行なわれているものである。

✓ パーソナル情報のキャッチボール

人と人とが一緒に仕事をする以上、人間関係の円滑化も不可欠であり、それを積極的に仕掛けるのもリーダーの役割だ。

人間関係とは煎じつめれば「好き嫌い」の問題だが、万人が万人を好きになるのは難しい。しかし、お互いが思いやりの感情を持つことは可能であり、それがあるから職場が1つの生き物として機能する。思いやりの気持ちの醸成は職場のチームワークにとって、最低限の条件なのである。

ではどうすれば思いやりの気持ちが生まれるのか。その第一歩は「お互いに知り合うこと」だ。相手を理解すれば親近感も沸いてくる。筆者は相互理解の促進にはパーソナルな側面の情報交換が必須と考えて、宿泊研修の懇親会では必ず「パーソナル情報のキャッチボール」を実施する。当事者が「他者に話してもいいよ」という日常生活や趣味の話をみんなでワイワイと語り合う。お互いの心の距離が縮まって、翌朝顔を合わせれば、前日とはまったく違う親近感で「おはようございます」という挨拶がごく自然に口をつく。よく飲みに行く仲間は別として、毎日顔を合わせていても、意外と仕事以外の話はしていないのではなかろうか。

また、パーソナル情報の交換は、お互いの思考や行動パターンの理解も促進する。理解し合えば、普通に聞くとムカつくような言動でも、「悪気はないのだから……」と容認できるであろう。

✓ 一所懸命に話す・聴く

コミュニケーションの原点は話すことと聴くことであり、その善し悪しが職場の人間関係づくりにも影響する。とくにリーダーの話す態度や聴く姿勢は、リーダーとメンバーとの心の絆の決定要因になってしまうほどの重みを持っている。

リーダーがメンバーに話すとき、いちばん大事にしてほしいのは「一所懸命さ」である。「オレはこうしたい」、「ココが問題だと思うのだが……」と自分の思いを一所懸命に話す。できれば上手に話してほしいが、人間関係の円滑化により効果が大きいのは一所懸命さの方である。話し方は訥々でも構わない。とにかく、一所懸命に語ることが肝要である。

同時に一所懸命聴くことも大切だ。業績を上げている職場にインタビューに訪れると、職場のメンバーからは、「リーダーが聴く耳を持つようになってくれた。話を聴いてもらえると、なぜか元気が出る」と異口同音の答えが返ってくる。「感情まで含めて、聴いてもらっているような感じがする」と答える人もいる。どうも、リーダーの聴く姿勢がメンバーの元気のもとを刺激して、それが業績向上の原動力になっているようである。リーダーの聴く力とメンバーのモチベーションとの間には相関があるという研究結果もあるようだ。

また、『モモ』（ミヒャエル・エンデ／岩波書店／１９７６年）では、聴くということの本質を次のように表現している。


小さなモモにできたこと、それはほかでもありません、あいての話を聞くことでした。なあんだ、そんなこと、とみなさんは言うでしょうね。話を聞くなんて、だれだってできるじゃないかって。

でもそれはまちがいです。ほんとうに聞くことのできる人は、めったにいないものです。そしてこの点でモモは、それこそほかには例のないすばらしい才能をもっていたのです。

モモに話を聞いてもらっていると、ばかな人にもきゅうにまともな考えがうかんできます。モモがそういう考えを引き出すようなことを言ったり質問したりした、というわけではないのです。彼女はただじっとすわって、注意ぶかく聞いているだけです。その大きな黒い目は、あいてをじっと見つめています。するとあいてには、じぶんのどこにそんなものがひそんでいたかとおどろくような考えが、すうっとうかびあがってくるのです。

モモに話を聞いてもらっていると、どうしてよいかわからずに思いまよっていた人は、きゅうにじぶんの意志がはっきりしてきます。ひっこみ思案の人には、きゅうに目のまえがひらけ、勇気が出てきます。不幸な人、なやみのある人には、希望とあかるさがわいてきます。たとえば、こう考えている人がいたとします。おれの人生は失敗で、なんの意味もない、おれはなん千万もの人間の中のケチな一人で、死んだところでこわれたつぼとおんなじだ。べつのつぼがすぐにおれの場所をふさぐだけさ、生きていようと死んでしまおうと、どうってちがいはありゃしない。この人がモモのところへ出かけていって、その考えをうちあけたとします。するとしゃべっているうちに、ふしぎなことにじぶんがまちがっていたことがわかってくるのです。いや、おれはおれなんだ、世界じゅうの人間の中で、おれという人間はひとりしかいない、だからおれはおれなりに、この世の中でたいせつな存在なんだ。

こういうふうにモモは人の話が聞けたのです！

このような凄さを持つ聴く力は、リーダーが身につけるべき能力の1つである。しかし、多くの人間は生まれながらにして聴くことが苦手であり、その習得には話すことの数倍の努力が必要だ。努力とは意識と練習である。意識は寝る前に、「今日は人の話を積極的に聴いただろうか？」と自問自答する習慣であり、練習はコーチングなどのコミュニケーション研修の受講を意味している。

「コンフリクト（対立感情）」をどう解決するか

チームワークを劣化させないために

人間関係円滑化のコミュニケーションで、もう1つ、重要な押さえどころが残っている。「コンフリクト（対立感情）」に関することである。

二人以上の人間が集まれば、必ずコンフリクトが発生する。それを避けたり、放置したりすれば、表面的な人間関係が出来上がり、チームワークが劣化する。だから、コンフリクトは解消しなければならない。

リーダーはメンバーを集めて、コンフリクトの共有化と解消策について話し合う。ただし、この種のコミュニケーションを仕切るには、相当難度の高いヒューマンスキル（対人関係調整能力）がリーダーには要求される。経験的には、ファシリテーター的役割を担う人（中立的な立場で気づきなどを支援できる上位者や外部講師）の参加が必須である。

✓ 納得感や責任感の維持のためにリーダーがすべきこと

ここまで、Ｄｏの場面における、仕事の面白さの実感という内発的動機づけの必要性や喚起方法について述べてきた。最後に、メンバーのチャレンジ目標に対する納得感や責任感を持続させるためにリーダーがすべきことについて説明し、この章を終わりにしたい。

チャレンジ目標に対する納得感は「小さなＰＤＳの習慣化」によって持続し、強化される。小さなＰＤＳをきちんと回して新たな達成手段を手に入れることで、納得感は強まるのである。

責任感はどうであろうか。

責任感は、他者の脅しなどによって発生する恐怖心とは違い、「やらねばならぬ」という前向きな思いをメンバー自身で育む世界であり、リーダーにできることは支援である。

第2章で、ミッションと貢献領域一覧表づくりを紹介した。

「中期経営計画の実現に向け、我々の職場は何をなすべきか」という風に自問自答して、自分に言い聞かす。こうした取り組みも、リーダーが仕掛けた、メンバーの責任感の醸成に向けた支援策の1つである。

✓ 仕事ぶりをフィードバックする

メンバーの責任感の醸成には、仕事ぶりのフィードバックも有効である。

チャレンジ目標のＤｏの過程では、メンバーは日々、さまざまな努力をするが、それが正しい方向に向かっているのかどうか、ときどきチェックが必要だ。

いちばん理想的な状態は、何らかの仕組みを使った「メンバー自身によるセルフ・チェック」である。たとえば、営業マンの場合には、個人別の営業効率分析表などが月に1回程度、配布される会社もあるだろう。そこには営業活動の結果が、さまざまな切り口で、数値で記載されている。当初計画との差異や他の営業マンとの比較もできる。こうしたものがフィードバック情報であり、それを手掛かりに、営業マンは自分の活動のあり方を自分でチェックできる。

このようなセルフ・チェックの仕組みの改良や運用方法に工夫を凝らすのが、リーダーの役割である。

ただし、セルフ・チェックの仕組みがあってもうまく機能しないこともある。フィードバック情報に反応しないメンバーがいたり、また、営業効率分析表などではカバーしきれないフィードバック情報が存在するからである。たとえば「周囲の人たちの期待に応えた仕事ぶりになっているかどうか」などの情報はセルフ・チェックの仕組みに乗りにくい。そんなとき、リーダーは口頭によるフィードバックを試みるといい。

一般的に、リーダーが口頭でのフィードバックの必要性を感じるのは、ネガティブなことを伝えたいときだ。フィードバックする方もされる方も、相当しんどいコミュニケーションであり、双方とも、できれば避けて通りたい、そう思うのが自然である。

しかし、人間には自分ひとりでは気づきづらい領域が存在し、それが仕事の支障になるならば、なるべく早い段階で気づきを得るのが望ましい。だから、リーダーもメンバーも避けたい気持ちを乗り越えて、フィードバックに臨んでほしい。

✓ 相手に受け入れられるフィードバックを！

ネガティブ情報のフィードバックに際しては、留意すべきことがいくつかある。

1つは、ポジティブ情報との抱き合わせで実施すること。ネガティブだけでは、人格否定のように感じられ、素直に聞けないからである。

2つは、さまざまな内容を、一度にフィードバックしないこと。あれもダメ、これもダメでは、相手は気が滅入り、落ち込んでしまうか、反発するかである。特定事項に絞り込むのが、ネガティブ・フィードバックの原則だ。

３つは、フィードバックのタイミングである。「今、ここでの出来事（Here and Now）」がもっとも効果的であり、「あのとき、あの出来事（There and Then）」の情報は封印するのが望ましい。

✓ フィードバックの受け入れ態勢

一方で、フィードバックを受ける側にも、留意してほしいことがある。

フィードバックの内容に対しては、正当な言い訳が山ほどあるだろう。ときには反論が必要な誤解も含んでいる。だから、つい、話を遮ってしまいたい衝動が襲ってくる。そこをぐっと堪えて、相手の話を最後まで聞いてみる。そのうえで、一呼吸整えて、こちら側の言い分を冷静に訴える。それができればネガティブ情報も、自分にとって意味ある情報に転換することが可能である。

それともう1つ、「どうしても納得できないことは、捨て去ること」。相手の言わんとする内容をよく咀嚼して、思い当たることがあるのかないのか、胸に手を当てて考える。それでも、何も出てこなければ、いったん捨て去るのが得策である。

第３章のまとめ

❶チャレンジ目標のＤｏとは、目標達成手段をやり切ること。

・年度レベルの目標達成手段をより短期の目標に置き換えて、「小さなＰＤＳ（Ｐｌａｎ→Ｄｏ→Ｓｅｅ）」をグルグルと回すことである。

❷小さなＰＤＳをきちんとやり切るための原動力は、働く人々のヤル気である。

❸メンバーのヤル気の喚起には、「外発的動機づけ」と「内発的動機づけ」の２つが有効である。

・外発的動機づけとは、他者から与えられるアメとムチによるヤル気の喚起である。

・内発的動機づけとは、納得感や責任感の醸成、あるいは仕事の面白さや自己成長の手応えの実感などである。

・内発的動機づけによる意欲的、かつ自律的な行動をセルフ・コントロールと呼ぶ。

❹Ｄｏの場面における内発的動機づけの中心は、仕事の面白さの実感だ。

・究極の仕事の面白さは、「フロー」を体験することである。

❺フローの状態は、チャレンジ目標の達成に本気になって取り組む以外には訪れない。

・しかし、難度の高い目標の達成活動は苦しさが伴う修羅場であり、踏み込みを躊躇する人も稀ではない。
・そういう人には、リーダーによる修羅場へのひと引っ張りが必要だ。

❻リーダーが「ともにハッピー」と「Y理論」のスタンスを身につけていなければ、ひと引っ張りはノルマ管理になってしまう。

❼リーダーは365日、ありとあらゆる場面において以下の3つのコミュニケーションを図ること。

・問題創造・問題解決のコミュニケーション
・志のコミュニケーション
・人間関係円滑化のコミュニケーション

❽Ｄｏの場面でも、メンバーのチャレンジ目標に対する納得感や責任感の持続が必要だ。

- 小さなＰＤＳを回すうちに何らかの達成手段が手に入り、「達成できそうだ」という納得感が強くなる。
- 責任感の醸成には、仕事ぶりのフィードバックが必須である。

第4章

振り返りミーティングは こう進める

✓ 職場目標の振り返りミーティングを開く

第2章と第3章ではチャレンジ目標の流れに沿ってＰｌａｎとＤｏを説明した。この章では残りのＳｅｅの推進方法と留意点を解説する。

Ｓｅｅは1年間、もしくは6ヶ月間の活動の総括であり、職場目標と個人目標のそれぞれに対して、振り返りミーティングを実施する。

職場目標の振り返りミーティングの目的は、今期の成果の共有化と来期に向けた課題の明確化である。

ミーティングは次ページの図表「職場目標の成果と課題シート」に沿って行うが、リーダーの事前準備が不可欠だ。リーダーはミーティングに先立って、シートの項目ごとに、自分なりの考えを整理し、用紙に記入する。そしてミーティングでは、リーダーの思いが記された用紙をメンバーに配布して、リーダーとメンバー間で、あるいはメンバー間で、感じ方や捉え方にズレがないかどうかを確認し合うのである。

✓ 職場目標の成果と課題シート

	① 難易度の修正の有無	② 達成度	③ なぜ、その達成度になったのか？	⑤ 来期の課題
職場目標A	•		•	•
•	•		•	•
•	•		•	•
職場目標B	•		•	•
•	•		•	•
•	•		•	•
職場目標C	•		•	•
•	•		•	•
•	•		•	•
④目標以外の仕事の成果				•

シートの項目はすべて相互に関連した事項であり、バラバラに検討したのでは意味がない。ミーティングでは1つの流れとして考える。たとえば、153ページの職場目標Aを例にとると、①「難易度の修正の有無」の検討→②「達成度」の確定→③「なぜその達成度になったのか?」の検討→⑤「来期の課題」の明確化、というストーリーの組み立てが必要だ。

✓ 達成度を確定するために難易度を見直そう

職場目標の達成度は、期初に設定した達成基準に照らして測定する。

予定通りの達成であれば「満足水準」の達成度であり、大幅にオーバーすれば「卓越水準」である。未達成の場合は、下回り方によって「最低条件クリア水準」、もしくは「大不満水準」というように区分する。

このとき注意が必要なのが難易度の取り扱いである。期初にはギリギリ背伸びした難易度の高い目標を設定したが、その難易度が当初の想定通りのものであったかどうか。そこを検討することが大切である。

もし、想定外の要因があるならば、難易度を修正したうえで達成度を測定する。

一般的に見られる想定外の要因は2つあり、1つは環境の変化である。たとえば、大口客先が財テクに失敗し、あおりを受けて受注が半減したとしよう。それは想定外の出来事で、かつ職場の総力をもってしても解決困難な事態であった。そう判断できるなら、難易度を修正をしたうえで達成度を測定するのが、正しい評価のやり方である。その場合は上位者や関連部署にも判断を求めることが必要だ。

２つ目は、クリエイティブ型の目標によく見られる「やってみたら意外と難しく、予定の何倍もの時間を費やした」という類いの要因である。これもまた、環境変化の場合と同じように、難易度を修正するのが妥当である。

もちろん、思わぬ特需による売上増加など、目標達成が著しく容易になるようなことがあったときも、難易度の修正が必要である。

なぜ達成できたのか？　できなかったのか？

職場目標の振り返りは、達成度だけではなく、原因把握も重要である。来期の目標設定や達成手段の材料になるからだ。

その際にはダメだった点だけでなく、良かった点の検討も忘れずに行うこと。

目標が未達の場合は、みんなの関心が未達になった理由にのみに集中し、有効だった行動の存在を忘れてしまう。また、目標が達成できた場合でも、本来は「なぜうまくいったのか」という観点での振り返りが必要なのだが、達成の喜びに溺れてしまい、その確認が疎かになりがちだ。

せっかく振り返りをするのだから、このような状態で終わらせるのはもったいない。達成、未達成にかかわらず、必ず何か意味ある行動があったはずである。それらを拾い出し、その強化策を来期の目標達成手段に組み入れる。そういう着眼点を持つことが、より充実した来期プランを作成するためのコツである。

✓ チームワークのあり方も振り返る

達成できた・できなかったの原因は、チームワークという観点からも検討する。チームワークはメンバー間での情報や思いの共有によって促進されるものであり、そうしたコミュニケーションがうまく行われたのかどうか、みんなで確認し合うことが大切だ。

ナレッジ情報の共有化は十分だったのか。ストロークのキャッチボールなど、人間関係円滑化のコミュニケーションはどうだったのか。そういういくつかの質問項目を手掛かりに、みんなの感じ方や問題意識をすり合わせ、最後は「じゃあ、来期はこうしよう」とリーダーが締めくくり、このテーマに関する話し合いは終了する。

✓ 職場目標以外の仕事の成果

職場の成果は、期初に設定した目標だけとは限らない。他にも成果があるかもしれない。そういう切り口で、自分たちの仕事を振り返ることも必要だ。それはメンバーのモチベーションのみならず、職場の存在価値の他部署へのアピール材料づくりとしても必要な行為である。

その際の着眼点の1つは、職場目標の副次的効果に着目することだ。たとえば、以下のような事例がある。

ある食品会社で、北海道を担当する営業部隊の人たちが、縮小するマーケットに何とか歯止めを掛けて、売上目標を達成する方法はないものかと真剣に考えた。みんなで知恵を出し合い、試行錯誤の末に地域限定の新商品の開発に成功した。その苦労話と売れ行きが社内報に掲載され、「北海道であんなに頑張っているのだから、おれたちも……」と多くの人たちが刺激を受けて発奮した。これは売上目標の達成に付随した副次的効果であり、職場の仕事の成果である。

もう1つの着眼点は、職場の貢献領域一覧表の中で、目標に設定しなかった業務に関する遂行結果である。貢献領域一覧表にリストアップした項目は、きちんとやり切って当たり前の仕事であるが、それらの中でも、部門経営や会社全体に顕著な貢献ありと認められるものは、職場の成果に追加する。もちろん、その要因の分析も行う。

✓ ミーティングの成果を来期につなぐ

なぜ達成できたのか・できなかったのかを分析する目的は、来期の活動へ反映するためである。要因のうちのどの部分をどのように来期につなぐのか。それをみんなで考えて合意する。それが、職場目標の振り返りミーティングの最終的なアウトプットである。

たとえば、ある営業部門では、振り返りの結果にもとづいて、「どんな些細なことでも、必ず誰かに語ってみよう」という来期の職場課題をみんなで合意した。背景はこうである。

営業マンのC君が客先で、「最近、××会社の社員がたくさん辞めている」という噂話を小耳に挟んだが、「まさか、あの会社に限っては……」、「当社とは直接取引のない会社だし……」と軽く考えて誰にも話をしなかった。ところが噂は本当で、××会社の経営は悪化して、取引のあった商社は売上が激減し、商社に物を納めていたメーカーもあおりを受けた。負の連鎖はそれにとどまらず、さらに拡大し、メーカーと緊密な取引関係にあった中小企業が倒産した。C君の同僚の営業マンがその中小企業の担当者であり、彼の売上目標は未達に終わり、それが課の目標達成の足かせとなってしまったのだ。

このケースの教訓は「情報を一人で判断しないこと」であり、それは来期以降の活動においてもみんなが意識すべき行動である。

✓ 個人目標の振り返りを進める

職場目標の振り返りミーティングが終わったら、次は個人の成果確認ミーティングの準備に入る。それは以下の６つの内容が盛り込まれた「個人の成果確認シート」の記入である。

①チャレンジ目標の難易度の修正の有無
②チャレンジ目標の達成度
③なぜ、その達成度になったのか？
④目標以外の仕事の成果
⑤来期の課題
⑥自己成長の手応え

①〜⑤は、職場目標の振り返りミーティングで説明したものと基本的に同じであり、記入目的

✓ 個人の成果確認シート

	①チャレンジ目標の難易度の修正の有無	②チャレンジ目標の達成度	③なぜ、その達成度になったのか？	⑤来期の課題
チャレンジ目標A •	• •	• •	• •	• •
チャレンジ目標B •	• •	• •	• •	• •
チャレンジ目標C •	• •	• •	• •	• •
④目標以外の仕事の成果				•
⑥自己成長の手応え（1年で経験したこと）				•

は来期の個人目標づくりにつなげることである。

これらの項目はすでに多くの会社が採り入れている個人の成果確認の項目であり（①が欠けている場合もあるかもしれないが……）、決して目新しいものではない。

本書の提唱する成果確認シートの特徴は、「⑥自己成長の手応え」にある。これは、Ｄｏの場面で体験した、自分の成長を促進したと思われる出来事を確認し、来期の能力開発プランにつなぐ作業である。

✓ なぜ、成長の手応えの確認が必要なのか？

個人の成果確認ミーティングで成長の手応えの確認が必要なのは、人は自分が成長していると いう手応えを感じれば、仕事に対して前向きな気持ちになれるからである。ＭＢＯ-Ｓは内発的動機づけ（自分自身で自分のヤル気を刺激すること）を重視したマネジメントであり、その実践はチャレンジ目標のＰｌａｎ→Ｄｏ→Ｓｅｅのいずれの場面においても必要である。Ｓｅｅ（振り返り）においては、成長の手応えの確認がそれに該当する。

アンケート調査などでは、「働きがいとは何か」という問いかけに、圧倒的多数の人が「自己成長」と答える。これは、人が成長欲求を持っている証しである。

その成長欲求をもっともっと自ら刺激してほしい。そういう願いを込めて、期末の「仕事の振り返り用紙」の中に、能力開発やキャリア開発の欄を設けている会社もある。

筆者はそれをさらに進めて、各メンバーが成長欲求を刺激するような自問自答の場や、グループでの話し合いの場を設けることを提案したい。

成果確認シートの成長の手応え欄への記入はメモ程度のもので構わない。この1年間（もしくは6ヶ月間）を振り返り、自己成長の手応えを感じた出来事を時系列に沿って簡単に記述する。記入しながら、自分の成長ぶりを確認するのである。

成長とは何か？

成長とは有能感の獲得である

成果確認シートに記入しているうちに、「成長とはいったい何なのか？」、あるいは「どんな切り口で成長を捉えたらいいのだろう？」という疑問が湧いてくるかもしれない。

何をもって成長とするのかは人それぞれであり、絶対的な正解は存在しないが、筆者は「有能感」という概念で成長を捉えている。

有能感とは、「自分は仕事をうまくやれる力を持っている」という自分に対する自信である。

「失敗の繰り返しがなくなった」、「障害もたくさんあったが、我ながらうまく切り抜けたものだ。もう大丈夫だ」、「まったく新しいことへのチャレンジで、ものすごく不安であったが、何とかそれを成し遂げた。次の仕事が待ち遠しい」

これらはみな有能感の発露であり、この種の思いが自然と湧き出てくる瞬間、それが成長の実感である。

有能感は仕事の面白さがつれてくる

有能感を手に入れるためには、仕事の面白さを感じながら仕事に打ち込むのがベストである。

第３章で説明したように、「気づき、達成感、フロー体験」などの仕事の面白さを経験した人たちは、面白さに動機づけられて、さらなる課題にチャレンジする。チャレンジは苦しいが、同時に新たな面白さもつれてくる。面白いからまたチャレンジする。この繰り返しのプロセスで、人々は仕事に必要な知識を学ぶ。スキルにも磨きをかけ、同時に有能感も獲得する。

このように、仕事の面白さは有能感の促進剤であり、日々の仕事の中で小さな面白さをたくさん体験することが、有能感の獲得に向けた出発点なのである。

もし、成果確認シートの記入に際し、「成長の実感と言われても、そんな大袈裟な体験はなかったが……」と思ったときは、「あっ、そうか」という小さな気づきや、「比較的仕事に乗れていたなぁ」と感じられたときの出来事をメモしてほしい。

有能感のレベルアップ

筆者は、常々、「なぜ、美容師は、あんなに必死になって勉強するのだろうか」と疑問に思っていた。朝は始業前の8時から夜は閉店後の24時頃まで、実技訓練を自分に課し、一心不乱に技能習得に励んでいる。休日は休日で、講習会だ、商品勉強会だ、技術発表会だとさまざまな行事が目白押しである。同年代の若者がアフターファイブで浮かれていても、羨ましさをグッと抑えて勉強する。

何が彼らの原動力になっているのだろうか。経験者によれば、根底には「美容師は自分の腕だけが頼りだから……」という職人独特の「技能習得の努力」に対する納得感と覚悟を持っているという。また、「他の仲間も一所懸命やっているのだから負けられない」という競争心も無視できない。しかし、それはベースの話であり、脱落しないための最低条件である。

こうまでも彼らが頑張れるのは、一人前の美容師になるまでのキャリアの形成目標が明確であり、かなりの確率で「努力すれば達成できる」という予感があるからだ。達成の予感を抱く美容師はキャリアアップ目標をステップ・バイ・ステップで設定し、上述のごとくの努力をする。それは見方を変えれば、有能感のレベルアップの旅路である。

たとえば、入社したての見習い美容師がシャンプーの基本技能をマスターした。それは１つの成長であり、嬉しい体験に違いない。しかし、喜びも束の間で、すぐまた次の成長欲求が芽生えてくる。お客様の頭皮や髪質に応じたシャンプー技術の習得である。

これは難度の高い目標で、一朝一夕の習得は難しい。何百人、何千人という単位で、実務経験しなければ、身につかない能力である。しかも、経験だけでなく、研究が必要だ。ときには、失敗し、お客様からも上司からも叱られる。それでもめげずに努力して、数年後には多くの指名客を獲得するまでにシャンプーが上達し、心の中には「自分は、どんなタイプのお客様にも対応できるシャンプー技術を持っている」という有能感が湧いてくる。

次はスタイリスト（ヘアカットの担当）へのチャレンジだ。シャンプーとはまったく違う取り組みで、新たな努力が待っている。友達におカネを払ってモデルを頼み、ヘアカットを練習する。そんな努力の甲斐あって、スタイリストに採用された。一人前の美容師として、周囲から認知された瞬間である。承認欲求が満たされ、自己成長の手応えもズシンと感じる。美容師にとってはもの凄く嬉しい体験である。

しかし、その嬉しさは「スタイリストに採用された」という目標達成の喜びであり、その段階ではまだ「スタイリストとしての有能感」を実感するのは難しい。有能感の獲得には、次なる目標のトップ・スタイリストへの挑戦プロセスで、カット技術の向上に向け、再びコツコツと地道な努力をやり続けることが必要だ。

このように、キャリアアップ目標を追いかけるプロセスで、レベルアップの伴った「新たな種類の有能感」を獲得する。それが成長の手応えの1つの捉え方である。

大きな成功体験がもたらす自分の可能性の確信

前述のように、有能感の獲得には、何よりも日々の小さな努力の積み重ねが大切だが、より強い有能感を得るためには、意図して仕掛ける「大きな成功体験」が必要だ。

それは、自分の意思が相当程度込められた「極限まで背伸びした目標」を意欲的に追いかけて、目標達成を手に入れる。あるいは、いいところまで追い詰めるという体験である。

トップ・スタイリストを目指す美容師が、業界主催の技術発表会にチャレンジする。目標は優勝である。仕事の合間を縫って、新しいヘアスタイルの考案に向け、彼女をモデルに何度も何度も試行錯誤を繰り返す。「いい加減にしてよ！」と膨れっ面で睨まれても、拝み倒して工夫を続けた結果、発表会で入賞する。しかし、優勝できなかった悔しさがこみ上げて、とても素直には喜べない。悔しさをバネに再度チャレンジし、ついには優勝を勝ち取った。その瞬間の彼の心模様は優勝の喜びもさることながら、「自分にはカット技術だけでなく、デザイン・センスもありそうだ」という自分の新たな可能性に対する確信だったという。

このような大きな成功体験をいくつか経験すると、「自分は無限に近い可能性を持っている」という感情が芽生えてくる。もちろん、連戦連勝は考えにくく、ときには失敗があったり、結果が出なかったりで、落ち込んでしまうこともあるだろう。それを何とか堪えて、チャレンジを続行し、再び新たな成功体験をつかみ取る。つかみ取るたびに、自分の可能性に対する確信は深まり、「そんなに可能性があるならば、もっともっと力を磨き、自分らしさを極めたい」という思いを募らせる。それは単なるキャリアアップを超えた新たな次元の成長欲求の出現であり、その状態を筆者は「自己実現欲求の喚起」と呼んでいる。

このような「最高の自分らしさを極めたい」という自己成長の追求の世界に到達したかどうか。そういう切り口で自分の成長度合いを確認するのが、成長の手応えの２つ目の捉え方なのである。

✓ 個人の成果確認ミーティング

ここまで、成果確認シートの記入に時間を割いてきた。次は記入したシートをもとに個人の成果確認ミーティングの実施である。これも、基本的にはオープン展開が望ましい。

進め方は、まず、リーダー自身の成果確認シートの内容をみんなで検討する。リーダーが自ら手本となることで、ミーティングの望ましい雰囲気や規範をメンバーに伝えるためである。

その際に、リーダーはできる限り、包み隠さず、自分の内面心理も含めて、仕事への取り組み結果をメンバーに説明する。そうすれば、メンバーからのアドバイスも得やすくなる。

これはかなり勇気のいることで、最初は抵抗感があるかもしれない。その払拭にはヒューマンスキル・トレーニングなどが有効だが、いたずらに受講を焦ることはない。今、自分にできる精一杯の自己開示をすることだ。リーダーの真摯な姿勢は必ずメンバーに伝わって、それが今後のミーティングの規範となる。

このようなリーダーの率先垂範は、成果確認ミーティングにおけるリーダーの役割の1つである。

ミーティング終了後、リーダーはメンバーから得られたアドバイスなどを参考に、もう一度、自分の仕事の成果を整理して、職場の成果と併せて、上位者（課長の場合には部長）が主催する「上位者グループの成果確認ミーティング」に参加することになる。

✓ 個人とチームの両方の動機づけ

リーダーの振り返りに引き続き、メンバーの成果確認ミーティングを実施する。

この場面におけるリーダーの役割は動機づけである。それも、「発表者」と「それを検討するチーム」との両方に対する動機づけが必要だ。

たとえば、成果確認シートの「③なぜ、その達成度になったのか？」の検討場面である。これはすでに職場目標の振り返りの項で説明したように、マイナス要因への対応策のみならず、プラス要因の抽出とその強化策もしっかり検討することが大切である。

リーダーは、「うまくいったことを来期につなげるために、どんな工夫をしたらいいのだろうか？」と良い面の強化に関する質問を、発表者だけでなくメンバー全員に投げかける。あるいは、「彼の強みをもっと上手に使う方法はないのだろうか？」とみんなに質問する。このようなリーダーの質問は、発表者の動機づけだけでなく、チームの活性化も促すだろう。

また、成果確認シートの「⑥自己成長の手応え」の議論もみんなでワイワイとやるのが基本であり、その際にもリーダーは、「その成功事例は他の人も応用できそうなので、もう少し、詳しく話してくれないか」と発表者に発言を促す。それに呼応して、他のメンバーが「オレの目標達成にも役立ちそうなアイデアだ」と反応し、「今度は私の失敗体験を披露します」と女性社員が発言して、ミーティングの場が盛り上がる。

このようなリーダーのミーティングの進め方が、発表者とチームの両方に対する動機づけである。

✓ 来期以降にどうつなげるか

個人の成果確認ミーティングが終了したら、リーダーもメンバーも、次は来期の自分の能力開発プランの作成に着手する。

最近では企業が能力評価制度を整備して、それとの連動で能力開発やキャリア開発プランの立案を後押ししたり、業績だけでなく、能力評価の結果も人事配置や処遇に反映するケースも稀ではない。それは企業経営に必要な制度であり、働く人々の成長したいという気持ちの刺激剤としての期待も込められた仕組みである。

しかし、そこでアウトプットされた能力開発プランの中身を見てみると、そのほとんどが専門知識の習得に関するものになっている。あるいは、「ＴＯＥＩＣ650点以上」というような資格取得の項目が上位を占めている。これで、いいのだろうか？

確かに、ビジネス能力のベースとなるのは専門知識であり、能力開発プランの中に、そういう項目がリストアップされるのは肯ける。しかし同時に、「それはちょっと違うようねぇ～」という違和感が残る。

仕事の種類によりけりだが、会社の業績を左右するビジネス能力のかなりの部分は「働く人々の経験能力」に支えられている。経験能力とは、成功体験や失敗体験の蓄積がもたらす「知恵」とか「ノウハウ」と呼ばれているものであり、経験しない限り絶対に身につかない能力である。

この経験能力に磨きをかけることは働く人々にとって不可欠の要件であり、能力開発項目にリストアップされて当然なのだが、現実にはこの種の項目を欠いた能力開発プランになっている。これが、筆者の抱く違和感である。

✓ チャレンジ目標のSee（振り返り）のプロセス

職場の振り返りミーティング

↓

個人の成果確認ミーティング

↓

個人の能力開発プランづくり

✓ どうすれば、経験能力は開発できるのか？

経験能力の開発はただ1つ、経験することである。では、どんな経験が必要なのか。

それは「仕事の修羅場体験」だ。

仕事の修羅場とは「チャレンジ目標のＰｌａｎ→Ｄｏ→Ｓｅｅ」の展開に他ならず、目標達成に向けてどのような工夫や努力を仕掛けるのか。それを考え、やり切って、「こういうときには、このようなやり方が有効だ」という感触を手に入れる。それが経験能力の開発というものである。

そうすると、「経験能力の開発＝チャレンジ目標の達成手段の実践」という関係式が成立する。

この考え方にもとづいて作表したのが、次ページの図表「来期の能力開発プラン」である。

✓ 来期の能力開発プラン

	来期の行動目標
① MBO-Sの 取り組みを中心とする 実務の場	• • • •
② 会社から提供される Off-JT（研修）の場	• • •
③ プライベート時間の 活用という場	• • •

✓ 能力開発の3つの場

能力開発プランというと、何か大袈裟な響きがあるが、本書が提唱する「来期の能力開発プラン」はいたってシンプルで、日常業務に密着したものである。

では、173ページの図表の各欄を見ていこう。

各欄は能力開発の3つの場の活用という視点で作成されている。3つとは、「①MBO-Sの取り組みを中心とする実務の場」と「②会社から提供されるOff-JT（研修）の場」、それと「③プライベート時間の活用という場」である。経験能力の開発はこれら3つの場をうまく組み合わせるのがコツである。もちろんメインは実務の場であり、面積も他の2つとはくらべものにならないほど大きいとイメージしてほしい。

「①MBO-Sの取り組みを中心とする実務の場」で取り組む内容は、160ページの個人の成果確認シートの⑤来期の課題をベースに、ミーティングで他者からもらったアドバイスなども織り交ぜて、「来期はこれを徹底的にやってみよう」という自分の思いを込めた行動を書く。それはそのまま、来期のMBO-Sの目標達成手段の骨子として使えるはずのものである。

能力開発プランの「②会社から提供されるOff-JT（研修）の場」と「③プライベート時

間の活用という場」の欄は、実務の場で開発する能力を補完する内容を中心に考える。

すでに述べたように、チャレンジ目標という修羅場を乗り切るためのベースには専門知識が必要であり、そこに自信が持てなければ、大急ぎで習得しなければならない。習得方法は座学であり、勉強会への参加や各種研修などの受講が欠かせない。あるいは、ヒューマンスキルもＭＢＯ-Ｓの実務展開だけでは熟達が難しく、疑似体験やトレーニングが必要だ。

そのような仕事の場を離れた能力開発の一部は、会社が提供してくれるであろう。それは積極的に活用したらよい。しかし、それだけでは能力開発が追いつかない。不足の部分はプライベートの時間を使い、自腹を切って補充する。また、プライベート時間を使わざるを得ない能力開発も存在する。たとえば、専門書の読み込みや土日祝日のマーケットリサーチなどである。

それらを計画的にコツコツとやり続けること。そういう能力開発への取り組み姿勢が、高度化した仕事に対応するためには不可欠なのである。

✓ 会社への貢献とキャリア・ビジョンとの統合

能力開発プランを立案するとき、もう１つ、留意してほしいことがある。

「会社への貢献」と「自分のキャリア・ビジョン」との統合である。

自分が決めた能力開発プランだという思いを強く持つためには自分のキャリア・ビジョンの実現に必要な能力開発と、業績向上のために会社が自分に要求している能力開発とをうまく融合させることが必要だ。

なかには、自分の考えが定まらず、「とても将来のことなど描けない」という人もいるかもしれない。悩みながら模索しているのだから、それもやむを得ないが、その場合でも「今の仕事を続けるとして、3年後にはこんな状態になっていたい」という絵は描いてみることが必要なのではないか。そこから悩みの解消のヒントが生まれるかもしれないし、やらされ感を薄めるための若干の効果が期待できるからである。

✓ 最後はお祭りで締めくくる

チャレンジ目標のPlan→Do→SeeというMBO-Sの実務は「けじめの儀式」で締めくくる。それを筆者は「お祭り」と呼んでいる。

お祭りは2つ必要であり、その1つは「能力開発プランの発表会」である。各人が立案した能力開発プランの内容をみんなに語ってみる。それは来期に向けた自分の決意であり、その決意を一緒に働く人たちに宣言すると同時に、自分にも言い聞かす行為である。

これを個人面接でやるのも選択の1つだが、やはりお祭り的に、みんなでワイワイと拍手を交えてけじめの儀式を執り行う。それが、オープン展開のMBO-Sにふさわしいのではなかろうか。もう1つのお祭りは、「打ち上げ会」である。ただ、食べて飲むだけでなく、みんなで楽しむアトラクションを必ず用意することが肝要だ。

ボウリング大会が組み込まれた、ある会社の打ち上げ会に招待されたことがある。筆者も社員のほとんども、何十年ぶりかでボールを握り、滑ったり転んだり、悪戦苦闘の連続だった。でも、終わったときには「すっごく、楽しかったねぇ！」とみんなの笑顔で会場が満たされた。幹事を務めた社員の満足げな表情が、今でもまぶたに残っている。

人事評価とMBO-Sの関係はどうあるべきか？

人事評価とMBO-Sの統合

人事評価とMBO-Sとの関係はどうあるべきか。このテーマに関する筆者の見解を述べてみたい。

まず、「両者は結合すべきか、それとも分離すべきなのか？」と聞かれたら、躊躇なく、「結合すべきだ」と答える。理由は2つある。

1つは、人事評価の主たる材料は仕事の成果であり、成果のかなりの部分はMBO-Sの活動結果で説明できるからだ。

2つ目の理由は、働く人々のモチベーションに関することである。ある会社では、第1章で述べた杓子定規な成果主義の弊害への対策として、MBO-Sと人事評価との抱き合わせ運用をやめて、両者の分離実施に踏み切った。きっとうまくいくと思いきや、「やっぱり、MBO-Sの活動結果は人事評価に反映してほしい。そうでなければ、ヤル気が出ない」と訴える人たちが続出した。

筆者もそう思う。懸命に仕事に打ち込んで成果を上げた人ほど、成果の人事評価への反映を望むものである。それなのに、「そういうことと人事評価とは無関係」。これではヤル気が失せて当然だ。意欲的な働きぶりは会社の宝であり、その人たちのモチベーションアップのためにはMBO-Sと人事評価との結合が不可欠なのである。

成果主義とどこが違うのか？

それでは、第1章で言っていたことと違うじゃないか。

そんな声が聞こえてくる。筆者が主張するのは、人事評価とMBO-Sとの〝緩やかな〟結合である。そして、何よりも決定的なのは、人事評価と向き合う際の根本姿勢の違いである。だから、成果主義とは似て非なるもの、なのだ。

クロネコヤマトの創始者である小倉昌男（2005年没）は、「私が、42年に及ぶヤマト運輸の勤務のなかで、つくらねばならないと思いながら完成し得なかったものがある。人事考課の制度である」（『小倉昌男　経営学』／小倉昌男／日経BP社／1999年）と述べている。それほど難しいのが人事評価であり、難しさの根源的理由は評価の公正性の担保の仕方が人類5000年の叡智をもってしてもいまだ見つからない、というところにある。

もしも、仕事が陸上競技の100メートル競走のように同一条件のもとで行われるならば、人事評価はどんなにか楽なことであろう。ストップウォッチで測定すればよいからだ。しかし、仕事の成果測定はそういかない。かなりの部分を人間の主観に頼らざるを得ない作業であり、あえて言えば、フィギュア・スケートの採点をするようなものであろう。

それなのに、強引に100メートル競走の客観的な測定方法を人事評価に持ち込む。これが杓子定規な成果主義の本質的な特徴であり、それがあるから「人事評価とMBO-Sとのタイトな結合」という論理が成立するのである。筆者はその本質部分を否定して、緩やかな結合方法を提唱する。

重要なのは「公正な主観」

人事評価は「上司の下す意思決定」であり、意思決定の公正性は「上司の公正な主観」で担保する。これが人事評価と向き合うときの基本スタンスである。

筆者は、人事評価はダイヤモンドの鑑定と相通ずるものがあると考える。

ダイヤモンドは、カラット（希少価値としての「重さ」）、カット（輝きの美しさを決定する「研磨具合」）、カラー（美しく輝くための「色味のグレード」）、クラリティ（透明度やキズの有無）という4つの評価基準を使って鑑定される。鑑定に際しては、重さであるカラットは精密機械を用いて測定するが、それ以外の評価要素の測定には科学的な検査方法が適用できず、頼りになるのは鑑定士の「目」と「勘」と「主観」である。そのため、鑑定士や鑑定機関によって評価が大幅に違うことも稀ではない。だから、顧客は信頼できる鑑定機関の発行する鑑定書を求める。これは、サイエンスというよりはハートの世界であり、アートと呼ぶべき作業である。

人事評価にも、このダイヤモンド鑑定の考え方の適用が必要ではなかろうか。科学的に測定可能なものは人事評価ルールとして作成し（そういうものがあるかないかは疑問だが……）、そうでないものは評価者の全身全霊に委ねるのである。これを世間では、人徳や人間力による「納得」と呼び、それが公正な主観を担保するための重要な寄りどころになるのである。

3つの緩やかさ

従来の成果主義は、人事評価とMBO-Sとの結合をあまりにもタイトに追求し過ぎたきらいがある。相当の権限を持つ事業部の統括マネジャークラスならまだしも、下位階層にまでタイトな結合を要求した。その結果、諸々の問題が発生しているのは第1章で述べた通りである。その反省を踏まえて、筆者は緩やかな結合を提唱する。「緩やか」とは何なのか。それは、3つの意味を含んでいる。

1つは、チャレンジ目標の達成度だけではなく、「達成プロセスにおける努力度」も評価対象に組み入れることである。とくに、下位階層には絶対に必要な措置だと考える。

2つは、目標達成度とプロセスの努力度の構成比率についての緩やかさである。

ポジションや状況、あるいは権限の大小にもよるが、構成比は一般的には半々程度が望ましいのではなかろうか。

そして、3つ目の緩やかな結合とは、「チャレンジ目標とそれ以外の業務とをどのような割合で人事評価に反映させるのか」という疑問に対する答えである。

人事評価の対象領域のすべてをチャレンジ目標として設定するのは不可能であり、必然的に目標にしなかった業務や、難易度は低くとも、自分の責任においてきちんと処理しなければならない仕事も存在するだろう。さらには、チームワークへの貢献も仕事のうちであり、上級者になればなるほど人柄も大切で、それらの人事評価への組み入れも必要になるであろう。以上のことを勘案するならば、やはりチャレンジ目標の人事評価への反映度は50％程度が妥当なのではないかと考える。

このような3つの緩やかさを採り入れた人事評価とMBO-Sとの結合ならば、働く人々の納得感が得られるし、やさしい目標を設定して会社を潰すという成果主義の弊害も、ある程度薄めることができるだろう。ぜひ、そうあってほしいと願っている。

第４章のまとめ

❶チャレンジ目標のSeeとは、１年間（６ヶ月間）のMBO-S活動の総括だ。
・オープン展開で、職場目標の振り返りミーティングと個人の成果確認ミーティングを実施する。
・ミーティングの目的は、「今期の成果の共有化」と「来期に向けた課題づくり」である。

❷職場目標の振り返りミーティングでは、目標ごとに、「目標の難易度の見直し→目標の達成度の確定→なぜ、その達成度になったのかの検討→来期の職場課題の明確化」というストーリで話し合う。

❸個人の成果確認ミーティングも職場目標の振り返りと同様の考え方で、自分の仕事の成果を確認し、来期の課題を考える。

❹本書では、上記に加えて、「自己成長の手応え」の振り返りを強く提唱する。

❺個人の成果確認ミーティングも、職場の振り返りと同様に、オープンシステムで

実施する。

❻個人の成果確認ミーティングの結果にもとづいて、来期の自分の能力開発プランを作成する。

・「会社への貢献」と「自分のキャリア・ビジョンの実現」との統合を図ること。

❼ビジネスパーソンの最も重要な能力は、「経験能力（体験がもたらす知恵やノウハウ）」である。

・経験能力の開発とは、実務における、目標達成手段の立案とその完全遂行に他ならない。

❽チャレンジ目標のPlan→Do→SeeというMBO-Sの実務は「お祭り」で締めくくろう。

第5章

まとめ
目標管理は
理想論じゃない！

✓ MBO-Sは理想論？

第2章から第4章まで、チャレンジ目標のＰｌａｎ→Ｄｏ→Ｓｅｅを意欲的、かつ自律的に展開するための具体的な方法や留意点を述べてきた。

それは筆者の体験をベースにしたＭＢＯ-Ｓであり、一般的に行われている、いわゆる目標管理とは趣を異にするものである。そのため、「本当にこんなことができるのだろうか？」という疑心暗鬼を持っている読者もいるのではなかろうか。

実はその昔、筆者もそうだった。

１９９１年の始め頃、あるディスカッションの席上で、筆者は生意気にも「ＭＢＯ-Ｓは理想論なのでは？」と発言した。

人と仕事をうまく結びつけるためにはチャレンジ目標が必要であり、目標設定や達成活動に際してはセルフ・コントロールの力を最大限に引き出すこと。それがＭＢＯ-Ｓのコンセプトであり、その文言は以前から知っていた。

しかし、セルフ・コントロールの開発がどうしても腑に落ちない。

人間が潜在的に持っている意欲や自律性を引き出して、苦しさの伴うチャレンジ目標を粘り強く追いかけること。理想としてはもっともだが、本当にそんなことはできるのか。あまりにも、綺麗ごと過ぎるのではないか。

世の中には、限りなく他律的な生き方をしている人もいるようだ。自分自身にしても、威勢よくチャレンジテーマを掲げたものの、達成の苦しさゆえに挫折して、易きに流れた過去がある。やはり、セルフ・コントロールは鉄人のみが持つ力。そんな思いにとらわれて、「ＭＢＯ-Ｓは理想論……」と口走ったのだ。

✓ 『黒字浮上！　最終指令』※との出会い

筆者の発言に、先輩コンサルタントが反応し、「ＭＢＯ-Ｓがうまくいった事例がある。『黒字浮上！最終指令』（猿谷雅治／ダイヤモンド社／１９９１年）※を読んでみたら……」というアドバイスが飛んできた。

同書には、意欲・能力・責任感のかけらも感じられなかった町工場の人たちが、潜在能力を発揮して、万年赤字の会社を黒字に転換したプロセスが克明に描かれているという。

著者は住友金属鉱山（株）の元常務であり、同社の目標管理制度の創造と推進に深くかかわっ

※『黒字浮上！最終指令』は2014年に改訂新版が出版され、書名も『黒字化せよ！出向社長最後の勝負』に変わりました。

た「日本のMBO-Sの草分け的存在」と言われている人である。子会社の社長時代の実体験を小説風に仕上げたという。

さっそく本を買い求め、むさぼるように読み込んだ。

✓ 『黒字浮上！ 最終指令』のあらすじ

本書の内容は、一部上場会社の部長級の男が、万年赤字の子会社に社長として出向して、赴任後9ヶ月目から黒字に浮上させた物語である。

赤字会社を再建する事例は必ずしも珍しいものではないが、本書の物語には、次のような特徴がある。

この男（沢井正敏）が出向を命じられたときの、親会社社長からの条件は、

（1）この子会社が黒字に浮上できるかどうかの最後の戦いをしてみること

（2）戦ってみて黒字浮上不能の結論になったら、会社を整理すること

（3）以上の結論を1年後に出すこと

というものである。

1年後につぶす可能性が高いということは、

（1）設備投資等、多額の金額を要する戦略、戦術はとれない

（2）採用等による人員増加はできない

ということになる。つまり沢井は現有設備、現有人員によってその会社の黒字浮上をはからねばならないのである。したがって、いわゆる組織の活性化による業績向上だけが沢井に残された方策となる。

赴任した沢井は、長年の赤字経営によって沈滞し、やる気を失って、暗くじめじめした雰囲気のなかで、逃避的で無責任、面従腹背、現状墨守……などなど、冷えきった人びとに直面する。

そして、ここから彼の戦いがはじまる。

沢井は、彼の哲学を基礎に、目標による管理の思想を中軸にして、さまざまな方策を打ち出していく。人びとは意欲づけられ、燃えて、組織が動きはじめる。生産性と品質が向上し、コストが下がる一方で、販売組織の活動も強くなっていく。

その結果、赴任後わずか9ヶ月目から、この会社は黒字浮上に成功する。

9ヶ月という短期間に、現有設備、現有人員で、組織をこれだけ変化させた沢井の打った手と

は具体的にどんなものだったのか。またその背後にある沢井の哲学と目標による管理の思想とは、どのようなものなのか。これを一つの物語として具体化し、最後にこの物語を理論的に整理したのが本書である。（黒字浮上！　最終指令　新装版／まえがき）

✓ 温かい涙と共感を覚えながら読み進む

この本をある所まで読んだとき、筆者は大変な感動を覚えた。そして、涙が止めどもなく溢れてきた。それは、何かとても温い心情に触れたとき、自然に湧き出る涙と、切々と訴える人間の思いに共感する涙とが入り交じったものであった。その箇所とは、以下の文章である。

> 2月10日の午後、沢井は例によって現場を歩いていた。今では協力会社の社員たちも含めて、「おはよう」とか「ご苦労さん」という沢井の声に、ほとんどの人が笑顔で挨拶を返すようになっている。
>
> だが200名余りの人びとのなかで、ところどころに返事もせず、いまだに沢井と言葉を交わしたことのない人が何人かいた。
>
> 人間いろいろだ。200人もいると私と肌が合わない人もいれば、なかには私を嫌っている

人もいるかもしれない。あるいは無口な人、口下手で人と話すのが苦手な人もいるだろう――と沢井は考えていた。そういう人のそばへ行くと、黙々と仕事をしているその人の背中に「ご苦労さん」と声をかけて、返事を期待せずに沢井は通りすぎていく。

この日も、鋳造工場の造型の職場に来た沢井は、小林研三という作業員の背中に「ご苦労さん……」と声をかけて、そのまま通りすぎようとした。彼もまだ一度も話したことのない人の一人であった。

しゃがんで砂型の手入れをしていた小林が、慌てて立ち上がった。沢井はすでに数歩先へ行っている。小林の顔が緊張し、真っ赤になった。工場内の騒音を突き破って、小林が大きな声を出した。

「社長！」

沢井の背中がビクッとして、止まった。ゆっくりふり返った沢井の前へ、小林が近づいた。

「小林君か。どうした。何かね」

「あのう……う、オレ、あんたの本を読んだよ」

「え、私の本を……」

「うん、この間の日曜日、用事で駅前へ出て、本屋に入ったら、そうしたら、あんたの本があったから」

「買ってくれたのかね」

「うん、買った。なんたってうちの社長が書いた本だもの」

「で、読んでくれた」

「読んだ」

「どうだった」

「うん、面白い。仕事だけじゃなく、生活していくうえでも役に立つ。勉強になった」

しばらく本の内容についての話が続いた。

話していることは本のことだった。だが沢井の心のなかには全然別のことが伝わってくる。

小林は、沢井を嫌って話をしなかったのではない。むしろ沢井と立ち話がしたくてしょうがなかったのだ。

だが、中学卒ですぐ仕事につき、真面目一本槍に固く生きてきた小林にとって、沢井という男はあまりにもかけ離れた存在だった。東大卒、親会社からの出向社長、経営管理に関する著書も何冊かある勉強家―沢井は雲の上の人で、とても対等に話はできない。少なくとも常日ごろ仲間や家族と話している低次元の話題では、社長に失礼になる、とこの真面目な男は考えたのだ。

何か高級な話題を探して……と思っているところへ、沢井の本を見つけた。これだ。この本を話題にすればよい。とうとう見つけたぞ。小林は喜んでその本を買い、読んだのだった。そして沢井と話しのできるときを待っていた。

ところが沢井のほうは、どうせ返事もしない人間だとレッテルを貼って、ご苦労さん、とひと声かけて、足早に通りすぎてしまう。沢井の気づかぬ間に、何回か声をかけようとしてためらったにちがいない。そこで今日、通りすぎた沢井の背中へ、勇気を出して大声で呼び止めたのだ。

やっと社長と話しができた。オレは今、こうして向き合って、社長と話しているんだ――。小林の熱っぽい心が、沢井のなかにどんどん流れ込んでくる。話の中身なんかどうでもいい。

――今日家へ帰ったら、女房や子供にオレは言う。

「今日オレは社長と話したんだ。二人だけで向き合って、対等にな……」

小林のこんな気持もつかめないで、オレが嫌いなのか、それとも無口な男か、と一方的に決めつけてレッテルを貼ってしまった自分の固い心が、沢井は情けなかった。人間２００名もいれば、オレを嫌う人が何人かいるのが当たり前と、自分に都合のよい言いわけをこしらえる。

何百人いたって、すべての人をこちらから好きになっていけるような人間になれないのか。砂だらけの汚れた顔のなかで、眼と歯を白く輝かせて、いきいきと話しかけてくる小林を見ながら、沢井は痛切な反省におそわれていた。ＳＤ（セルフ・デベロップメント・トレーニング）

やTAを含めて勉強を積み重ねてきたつもりのオレが、この程度なのか。50年の人生、オレは何を勉強してきたのか。

✓ どうも様子が違う！

涙と共感を織り交ぜながら、『黒字浮上！　最終指令』のすべてを読み終えたとき、そこには筆者の思い込みとはまったく違う、MBO-Sの輪郭が現れた。

上司と部下とが一対一で面接し、「何を目標にするのか、どこまでやるのか？」をお互いに納得するまで話し合い、そのプロセスでヤル気を高めていく。それがMBO-Sだと思っていたが、そんな短絡的な場面はどこにもない。

繰り返し出てくるのは、人間同士の心と心の触れ合いが仕事の成果を上げるための問題意識と問題解決意欲を高めていく、という情景である。

どうも様子が違う。MBO-Sの実践には、自分の知らない奥深い世界があるようだ。いくつかの印象的な場面が脳裏に焼きついて離れない。その場面を何度も何度も反芻し、そして考えた。著者は何を訴えようとしたのだろうか。もう一度、読み返す。矢も盾もたまらずに、著者に会いに行き、そこから押しかけ弟子の人生が始まった。

これが、筆者をＭＢＯ-Ｓの虜にするきっかけとなった出来事である。もしも、この本との出会いがなければ、これほどまでＭＢＯ-Ｓにはのめり込まなかったであろう。ノウハウの蓄積もままならなかったのではと思っている。本書の背景には、間違いなく、『黒字浮上！　最終指令』の世界が存在するのである。

その黒字浮上の物語の所どころを借りながら、もう一度、第2章から第4章までのエッセンスを復習し、若干の補足説明をしてみたい。

✓ マネジメントの目的は「ともにハッピー」

『黒字浮上！　最終指令』の物語の随所には、「哲学の必要性」が説かれている。

確かにそうだ。マネジメントに際しては哲学が必要だ。哲学とは「深い思索と経験から導き出された〝信念〟」であり、リーダーに哲学がなければ、言動はブレやすく、人々の信頼も得にくくなるだろう。

沢井社長の哲学は明快だ。「共生の哲学」である。

「会社というものは、人類をより幸せにするために、人間によってつくられた1つのシステムなのだ」という企業観から説き起こし、「〝人間が会社に従属する〟のではなく、会社と働く人々が〝共生の関係〟を構築することが大切だ」と従業員に訴える。

従来、会社は業績向上の手段として従業員を見ていたが、それは間違いだ。確かに、人は「会社のハッピー」を実現するための経営資源の1つには違いない。しかし、モノでもなければカネでもない。生身の人間であり、この世から消えるまで「ハッピー」を求めて生きている。辛いことや悲しいことがあったとしても、ときどき訪れるハッピーが薄めてくれる。ハッピーなしには生きられないのが人間である。

このような考え方に立脚し、会社のハッピーのみならず、働く人々の働きがいも真剣に追い求め、「ともにハッピー」の状態を実現すること。それが共生の哲学である。

✓ ともにハッピーの求心力は「経営方針」

沢井社長は、「ともにハッピー」を実現するためには求心力になるものが必要だと考えた。

この会社の現状は、逃避的で無責任、非協力的で保守的な人たちの寄り集まりで、とても組織と呼べるようなものではない。そんな人たちを意味ある集団に変身させる。そのためには、まず「経営方針」が必要だ。経営方針とは「わが社における正しい行動の在り方」を示したものであり、経営陣をはじめ、すべての従業員にとっての行動規範となるべきものである。

沢井社長は３つの経営方針を打ち上げる。

- オレがやる
- 協力する
- 明るくする

これらの文言の持つ意味を従業員がハートでズシンと受け止める。そうでなければ、経営方針は組織の求心力にはなり得ない。現実に、言葉遊びに終始している事例は山ほどある。だから、沢井社長は朝礼などで、その必要性を繰り返し訴えた。身をもって示すのも忘れない。毎日現場を回って従業員にストロークを打ち込むなど、社長の立場で経営方針を実践したのである。

✓ 実務の求心力は「全社目標」

経営方針の浸透は、ともにハッピーへの気運を高めるのに成功した。しかし、それだけでは組織の求心力としては物足りない。もう１つ、「全社目標の共有化」が必要だ。

働く人々は、全社目標を「自分のチャレンジ目標」に落とし込み、その達成活動を展開する。目標が達成されれば、会社はハッピーであり、働く人々も達成感や「努力が報われた」という充実感を味わえる。金銭的報酬も入手でき、ハッピー感が増幅する。

また、働く人々は、「チャレンジ目標のPlan→Do→See」の各々のプロセスで、「他力」、もしくは「自力」で働きがいを手に入れる。前者は「他者からの関心と愛情」や「上司からの称賛」などであり、後者は「仕事の面白さ」や「有能感の手応え」などである。

このように、会社のハッピーも働きがいも、「チャレンジ目標のPlan→Do→See」なしには入手不可能な世界であり、出発点には「全社目標」が存在する。その全社目標の共有化を図ること。それは、ともにハッピーの実現に向けた臨場感の伴った求心力づくりの作業である。

沢井社長は、全社目標の設定と優先順位を、悩みに悩んだ結果、

全社目標の1番目が「安全第1（休業災害ゼロ）」、
2番目が「黒字達成（年間経常利益1億円以上）」

と決定する。

従業員が怪我をしないことと黒字浮上とを秤にかければ、やはり従業員の安全が重い。そうい

う思いを込めて、1番と2番の順位を決めたのである。

しかし、このような難度の高い目標を本気になって達成しようとすることは、従業員にとって修羅場以外の何物でもない。なにせ、万年赤字の会社であるために、黒字浮上などは実現不可能だと思い込んでいる人もいる。「そんなハードな仕事は御免だ」と修羅場を避けたい人もいるだろう。このままでは、全社目標は社長と経営陣だけの目標になってしまい、達成するのは至難の業である。

✓ 全社目標を浸透させる

沢井社長は、全社目標の浸透と、従業員の修羅場に入る決意を促すために、職場のリーダー研修を実施した。テーマは、「経営陣とリーダーとの思いのすり合わせ」と「目標達成の阻害要因の明確化とその対策の検討」である。

それらをみんなでワイワイと議論する。コミュニケーションを活発にするために、職場のリーダーの何人かは社外研修に送り込む。単なる自己啓発やスキルの習得のためではない。ワイワイガヤガヤの旗振り役をうまくやるためである。そんな努力と経営陣の熱意とがあいまって、職場のリーダーたちは全社目標と解決すべき課題を腑に落とす。経営陣との距離感も縮まって、一体感が醸成される。

研修を終え、職場に戻ったリーダーは「職場の目標設定ミーティング」を開催する。そこでは、職場目標を達成するための「メンバー個々人の役割分担」が検討され、それにもとづく「個人目標」もメンバー全員で合意する。

このような目標設定や進捗管理の仕方を、「MBO-Sのオープン展開」と呼ぶ。沢井社長は、長年のMBO-Sへの取り組み経験から、「クローズド・システム」の展開には限界があることを知っていた。クローズド・システムとは、上司と部下とで、部下の目標を囲い込むような一対一の個人面接スタイルであり、良さもあるが致命的な弱点を持っている。

弱点の1つは知恵の創出に関することである。「黒字にするために何をすればいいのか?」というような知恵の出し合いを個人面接でやろうとするのは無謀であり、「衆知を集めること」が必要だ。2つは「協働意識」の欠落である。仕事は分業だけでは成り立たず、協働が必須であるが、個人面接で協働状態を作り出すのは難しい。「みんなとの約束事をやり切る」とか、「協力する、補佐する」というチームワークの強化はオープンシステムに委ねざるを得ない領域である。3つは「競争意識」の欠落だ。モチベーションの源泉の1つに競争意識があるが、個人面接ではその刺激を受けにくい。ヤル気を出すためには、職場のメンバーが「協力しながら競争する」という状態づくりが不可欠である。

✓ 修羅場が潜在能力を引き出す

ＭＢＯ-Ｓのオープンシステムに則って、沢井社長はより具体的な修羅場づくりに打って出た。「営業の努力で受注はかなり確保できている。しかし製造がうまく動いていない。私はかねがね２００トンできたら確実に黒字になると思っている。そこでこの11月は製造の全力投球をしてもらう。残業、公休出勤もギリギリまでやってもらいたい。当社は頑張ったら月に何トン製造できるのか。今月はみなさんの掛け値なしのトコトンの力を試してみたい。つまり、当社の現状における瞬間最大風速をつかんでみたい」

こう沢井社長は従業員に訴えて、協力を要請したのである。これは会社が一皮むけるためのチャレンジであり、従業員にとっては潜在能力を試される修羅場である。

結局、社長も従業員も、協力会社の人たちも、へとへとに疲れ果てるまで働いて、２３０トンの製造量を記録した。会社と個人の潜在能力の存在は証明されたのである。

しかし、それはみんなが無理に無理を重ねた結果であり、毎月こんなことをやっていたのでは潰れてしまう。もっと楽に働いて黒字になるような仕組みが必要だ。今度は「その仕組みづくり」を職場目標に設定し、新たな挑戦をしてみよう。そう従業員に呼び掛けて、次なる修羅場を沢井社長は用意する。

このように、会社も個人も成長するためには潜在能力の開発が必須であり、それを可能にするのが修羅場体験である。しかし、修羅場は苦しく、一人で潜ろうとすれば濁流に飲み込まれ溺れてしまう。修羅場の乗り切りにはチームワークが必要なのである。

✓ チームワークが分業の質と意欲を刺激する

組織は「分業」と「協働」の仕組みであり、分業は個人目標のＰｌａｎ→Ｄｏ→Ｓｅｅの推進を、協働は分業と分業との相乗効果の促進、すなわち個人の総和以上の組織パワーの創出を意味している。その協働のあり方を一般的にはチームワークと呼ぶ。

チームワークの主たる機能は、分業同士の「利害損得の調整」と「相互協力の促進」、それと「一体感の醸成」である。それらがうまく機能すると、個人目標のＰｌａｎ→Ｄｏ→Ｓｅｅの質が向上し、達成意欲や責任感も刺激を受ける。結果として、潜在能力が開発される。そういう影響関係がチームワークと分業との間には存在するのである。

この関係に着目し、さまざまなチームワークの強化策を展開し、一人ひとりの意欲的、かつ自律的な働きぶりを引き出そうとするのが「組織の活性化」である。

✓「同時並行多面作戦」がセルフ・コントロールに火をつける

沢井社長は組織の活性化を「同時並行多面作戦」と命名し、ありとあらゆることに手を打った。たとえば、結局何も決まらない会議のやり方を改善する。部門を横断した問題解決プロジェクト・チームを立ち上げる。適材適所の人事配置も実行する。あるいは、従業員のプライドを高めるために新たな社章（バッジ）づくりに着手して、そのデザインを従業員の家族も含めたみんなから募集する。さらには、職場を明るくするための一環として「花壇づくり」にも精を出す。トイレや食堂などの福利厚生にも配慮する。いずれも、「効率的な仕事の仕組みづくり」と「人の心への働きかけ」との両面からのチームワークの強化策である。

それらの方策に働く人々が熱く反応し、目標達成に向けた自発的な動きがあっちでもこっちでも始まった。忘れかけていた仕事の面白さを久々に味わって、休憩時間の雑談にも仕事の創意工夫に花が咲く。無表情で無気力だった人たちに笑顔が戻り、「目標達成はオレがやる」、「自らすすんで協力するし、明るくする」という決意も芽生えてきた。それは内発的動機づけの喚起であり、働く人々がセルフ・コントロール（内発的動機づけによる意欲的、かつ自律的な行動）のモードに入ったことを意味している。

このモードに入れば、その先には一気呵成の「安全第1、黒字達成」に向けた活発な目標達成活動が待っている。人が燃え組織が動いて、不可能と思われた「黒字浮上」が実現したのである。

✓ セルフ・コントロールについてまとめよう

MBO-Sは、一人ひとりが上位計画と連動した「ギリギリ背伸びのチャレンジ目標」を設定し、その達成を「意欲的、かつ自律的」に追いかけるプロセスである。しかし、それをごく自然にやり切るのはひと握りの特別な人であり、普通の人には難しい。

最大の難しさは、「会社の目標を自分の目標に同化させること」ではないか。

もし、同化がうまくいけば、あとは比較的簡単で、働く人々は自主性を発揮して意欲的にチャレンジ目標を追いかける。それがセルフ・コントロールの世界であるが、MBO-Sの目標はプライベートの目標のようにはセルフ・コントロール状態が訪れない。

プライベート目標においてセルフ・コントロールが容易なのは同化の努力が不要だからである。たとえば、筆者はこの本の執筆を8ヶ月前に決意した。誰に言われたわけでもなく、自分でそうしようと思ったのだ。なおかつ、目標を達成することに「大いなる魅力」も感じる。そういう「自分で決めた自分の目標」だから、何が何でも達成したいと強く思う。その思いがセルフ・コントロールの源泉であり、それは「目標設定そのもの」が必然的にもたらすパワーである。

ところが、ＭＢＯ-Ｓの目標はそうはいかない。出発点には会社の目標が制約条件として存在し、自分の意思決定を制約する。目標達成の魅力もピーンと来るものがあまり見当たらないかもしれない。チャレンジ目標は設定してみたものの、それはあくまでも「会社のための目標」であって「自分の目標だ」という実感が湧きにくい。だから、同化の努力が必須であり、そのままでは「趣味の世界ではあんなにイキイキしているのに、それが仕事でなぜできない！」という状態になってしまうのが常である。

では、自分が背負う業務目標を自分の目標と受け止めて、セルフ・コントロール状態を作り出すためにはどうしたらいいのか。

それは、チャレンジ目標のＰｌａｎ↓Ｄｏ↓Ｓｅｅの各場面において、「納得感と責任感」を育てて、「仕事の面白さや自己成長の手応え」を実感することである。

これが基本であるが、そこにもう１つ、外発的動機づけを差し込むことも重要だ。働く人々の意欲的行動は内発的動機づけだけでなく、他者からの承認や称賛という外発的動機づけにも支えられており、多くの人たちがその充足を望んでいるからである。

このような、チャレンジ目標のＰｌａｎ↓Ｄｏ↓Ｓｅｅの場面における内発的動機づけと外発的動機づけは、一対一の個人面接だけでは限界があり、オープン展開との組み合わせが必要だ。

みんなでワイワイガヤガヤと語り合いながらヤル気を高めていくのである。

ここまでやれれば、会社の目標は自分の目標とかなりの程度同化して、セルフ・コントロールのパワーも強まるであろう。しかし、油断は禁物だ。

人間は複雑な生き物であり、四六時中、仕事のことばかり考えたり、仕事がらみの話をするだけでは疲れがたまり、セルフ・コントロールのパワーも陰りを見せる。仕事の合間には、遊び心を楽しんだり、憩いの時間を持つことも必要だ。また、仕事の持ち場を離れて、仕事に必要な知識を充電するという勉強の場も大切である。そのようなリフレッシュや勉強があるから、再び修羅場に突入する気力も湧いてくるのである。

リフレッシュや勉強に有効な方策を職場の行事として仕事の中に組み入れて、その行事とチャレンジ目標のPlan→Do→Seeの各場面における動機づけとをうまく融合させること。それが「同時並行多面作戦」であり、チームワークの強化と働く人々のセルフ・コントロールの促進剤として不可欠な押さえどころと考える。

普通の人間がセルフ・コントロールに火をつけて、それを維持することは簡単なことではない。それが身にしみてわかっているから、自ら飛び込まず、一歩引いて他者の努力を傍観したり、「オレには無理だよなぁ～」と逃避を決め込む人が出てくる。しかし、本来、人間はセルフ・コントロールの力を潜在的に持っていて、その顕在化は「同時並行多面作戦」の展開により可能なのではないか。少なくとも、今までの体験から、筆者はそう固く信じている。

「社長、あんたが来てから何となく忙しくて、わしら、あれよ、あれよと言っている間に、気がついたら黒字になっていたよ」、「やれ標語を出せ、ポスターを書け、新しいバッジを配るぞ、ＱＣの勉強しろ、合宿研修だ、花壇を作れ、何だかんだと仕事と仕事以外の何やらとごちゃまぜにして、バタバタと走りまわっているうちに黒字になっちゃった」

これは、「同時並行多面作戦」でセルフ・コントロール状態を経験した、『黒字浮上！　最終指令』の会社の従業員の後日談である。

おわりに

✓ ミドルを応援したい

筆者の職業は教育コンサルタントである。世間の人からは研修講師と呼ばれているが、モノを教える講師ではない。マネジメント研修に参加する人たちの「モチベーションの刺激剤」になることが、自分の付加価値だと思っている。

受講者の大半は「課長やチームリーダー」と呼ばれる、いわゆる「ミドル・マネジメント」という階層に属している人たちだ。ミドルというと、何かマイナーな響きを感じる人も多いと聞く。事実、「ミドル：会社の中でいちばん多くいる種族。〝若くはないが偉くもない〟という人すべての総称」（『ビジネス版　悪魔の辞典』／山田英夫／株式会社メディアファクトリー／1998年）、と揶揄される対象である。

しかし、ミドルは間違いなく、会社を支える屋台骨である。揶揄されようが、ときには嫌悪されようとも歯を食いしばって働いており、その努力なしに会社の成長はあり得ない。そういう存在がミドル・マネジメントである。

また、多くのミドルはプレイング・マネジャーであり、自分自身の担当業務を持っている。重要客先の担当であったり、主要技術の開発業務であったりする。それだけでも大変な仕事なのに、それに加えてマネジメントも担当する。野球でいえば、４番バッターと監督の兼任であり、とても月並みな言葉では表現できない重責労働である。

上級マネジャーは、背伸びしても届かない天文学的数字を平気で投げてきて、達成方法は「現場で考えろ！」と突き放す。自己主張は一人前でも、責任感の希薄なメンバーもいる。役職離脱の年長者はいまだに上司顔で接してくる。最近では外国人のメンバーも珍しくなく、彼らは何を考えているかよくわからない。そのうえに、わがままなお客様からは無理難題が飛んでくる。

これが現場の実態であり、ミドルはもろもろの問題解決に振り回され、あっという間に1日が暮れていく。へとへとの心と体を引きずって、家路を急ぐ電車の中では「マネジャーとは雑用係かぁ。あぁ～、あぁ、課長なんかにならなければ……」と嘆きの吐息を漏らしてしまい、家に帰れば愚痴の1つも言いたくなる。それが平均的なミドルの実態なのではなかろうか。

そんなミドルを筆者は応援したい。ミドルの元気に役立つような、マネジメントのヒントを提供したい。そういう思いを込めて、この本を執筆した。

✓ マネジメント仮説の構築を！

ミドルが元気を出すためには、自分なりの「マネジメント仮説」を持つことが必要だ。仮説とは「今現在の己の信じる道」であり、仮説があれば明日の行動が見えてくる。プレイング・マネジャーの「限られたマネジメント時間」の有効活用も可能になる。仮説は、ミドルを元気に導くためのナビゲーターとして機能する。だから、仮説づくりをしてほしい。

仮説づくりに際しては、「手掛かりとなる情報」が必要だが、いちばん身近にある情報源は「自分の体験」である。すでにマネジメント経験のある人は「自分のマネジメント行動」を振り返り、うまくいったことや失敗したことなどを整理する。経験のない人は、メンバーの立場から見たリーダーの行動で、「なるほど……、もし自分が上司だったら……」と思ったことを書き出してみる。書きとめる行為は「自分に言い聞かす」という効果があり、それだけでも、やってみる価値は十分ある。

しかし、自分の体験は断片的であり、それだけではマネジメント仮説の構築は難しい。全体を支える「背骨」がほしい。背骨があれば、「体系的な仮説」が可能である。

本書で解説したMBO-Sは、筆者の実体験や見聞を整理した筆者なりの仮説であり、ミドルの「仮説づくりの背骨」になり得るものと信じている。目標管理制度を導入済みの会社はもちろんのこと、マネジメントに携わるすべてのミドルに推奨したい「マネジメントの基本枠組み」である。

仮説づくりと並行して、仮説を試してみることも大切である。実践してこそ、仮説は価値がある。そう頭でわかっていても、実践は別物だ。MBO-Sは当たり前の地道な実践の世界ゆえ、頓挫することも珍しくない。やり切るためには「一途な思い」と「愚直さ」が必要である。その思いを持って真っ直ぐ取り組めば、何らかの手応えがあり、仮説の補強も可能になる。「マネジメントの面白さ」も実感される。そんな好循環をイメージして、仮説の実践に励んでほしい。

✓ 現場のミドルは奮起せよ！

日本はすでに、知識労働の時代に突入した。20年以上も前に、ドラッカーが言った通りの事態である。

「これまでの100年は、肉体労働の生産性の向上に成功した国や産業が世界経済のリーダー役となった。はじめにアメリカ、次にドイツと日本が続いた。これに対し、これからの50年において世界経済のリーダー役となるのは、〝知識労働の生産性向上〟に成功した国や産業である」（『テクノロジストの条件』／P・F・ドラッカー／ダイヤモンド社／2005年）。

もう後戻りはあり得ない。大企業も中小企業も、定型労働の手際の良さが生み出す「規格品の大量生産」から「知恵の創出産業」への変身をせざるを得ない状況に置かれている。

マネジメントも「アメとムチのマネジメント」からMBO-Sへの切り替えが急務であり、その成否のカギを握っているのが「現場のミドル」である。だから、ミドルには、MBO-Sのコンセプトを具現化した自分のマネジメント仮説を本気になって実践してほしい。今がミドルの力の見せ所、そう奮起した現場のミドルが大勢現れること。それが筆者の切なる願いである。

謝辞

本書の執筆にあたり、いろいろな方々のお世話になった。

『黒字浮上！　最終指令』との出会いがなければ、おそらく本書は存在しなかったであろう。著者の猿谷雅治氏（平成10年没）との深い交わりがあったからこそ、MBO-Sをライフワークにすることが可能になった。まずは、同氏と、同氏亡き後も温かい心で筆者を包み込んでいただいているご家族に、最大限の感謝の意を表したい。

多くの企業や公共団体のご支援もいただいた。

情熱だけが取り柄の未熟な筆者に期待をかけて、40歳代から今日まで、20年以上の長きにわたり、仕事を出し続けてくれる会社もある。大規模企業にもかかわらず、MBO-S研修の全社展開を筆者一人に委ねてくれた会社も数社ある。教育コンサルタントのみならず、戦略コンサルタントをも兼任させ、東証1部上場のプロセスを間近で見させてくれた会社もある。経営の細部にまで筆者を立ち入らせ、現実の修羅場を体験させてくれた中小企業の社長もあまたいる。いずれも、「生涯、足を向けて寝られない存在」と感謝の気持ちでいっぱいである。

研修受講者との交流からも、多くのことを学ばせていただいた。喫煙室での瞬間的な会話から、はっとするような気づきが得られたことも稀ではない。「ありがとうございます」と心からお礼を申し上げたい。

また、学者やコンサルタントの方々からも、多くのヒントや示唆、それと励ましをいただいた。とりわけ、問題解決研修の師である佐藤允一先生（自己啓発協会会長、帝京大学名誉教授）には、その包容力の大きさに感謝の念を抱いている。

末尾になったが、ダイヤモンド社の方々にもお礼を申し述べたい。書籍編集局第一編集部の中嶋秀喜編集長には、執筆の機会のみならず、執筆パターンにも変身を促すような配慮をしていただいた。企画から上梓までの一切合財をお世話いただいた、第一編集部の真田友美さんのアドバイスがなければ、筆者は自分の殻を打ち破れず、本書もこのようなスタイルにはならなかったであろう。今回の執筆は、自分の潜在的可能性を感じ取る、またとない体験であったと感謝の念を表したい。

最後に、執筆にもがき苦しむ筆者に寄り添いながら、3月の誕生日を迎えた、お茶目でピュアな妻に感謝して、心を込めて本書を捧げたい。

2012年4月

五十嵐　英憲

[著者]

五十嵐英憲（いがらし・ひでのり）

1969年早稲田大学商学部卒。資生堂、リクルートを経て教育コンサルタントとして独立。現在、五十嵐コンサルタント(株) 代表取締役。(株)自己啓発協会　インストラクター。専門分野はMBO-S（目標管理）研修やマネジメント・システムの構築支援活動。セミナー受講、講演受講者はのべ10万人超。著書に『新版・目標管理の本質』ダイヤモンド社などがある。

連絡先　igarashi@pp.iij4u.or.jp

個人、チーム、組織を伸ばす

目標管理の教科書

――ノルマ主義に陥らないMBOの正しいやり方

2012年５月31日　第１刷発行
2024年４月26日　第９刷発行

著　者――五十嵐英憲
発行所――ダイヤモンド社
〒150-8409　東京都渋谷区神宮前6-12-17
https://www.diamond.co.jp/
電話／03･5778･7233（編集）　03･5778･7240（販売）

装丁――――水戸部功
本文デザイン―大谷昌稔(POWER HOUSE)
製作進行――ダイヤモンド・グラフィック社
印刷――――信毎書籍印刷(本文)・新藤慶昌堂(カバー)
製本――――ブックアート
編集担当――真田友美

ISBN 978-4-478-01799-9